買うと
一生バカを
投資信託

荻原博子

宝島社新書

⦿はじめに

◆国家プロジェクト「金融教育」の真の狙いは

国が、「金融教育」を「国家戦略」とし、「一億総株主」をスローガンに、中学、高校の金融教育に加え、大学生や社会人にも「金融教育」を広げ、金融機関にお任せだった「金融教育」を、国家プロジェクト（国策）として民間金融機関と一緒に展開していくのだそうです。

背景には、個人金融資産2000兆円を銀行に眠らせず、リスク市場に誘導することで株式相場を盛り上げたり、手数料で金融機関を潤わせ、ついでに景気をよくしようという狙いがあるようです。

けれど、そんな「一億総株主」に、私は個人的に嫌な「違和感」を感じます。

現在、日本の株式市場は、日本銀行が最大の大株主で、次いで株を持っているのがGPIF（年金積立金管理運用独立行政法人）。このいびつな官製相場で、少しでも甘い汁を吸おうと海外投資家が投機的な売り買いを繰り返すという、かつてない状況になっています。

こうしたなかで、個人のお金はどうなっているかといえば、国内の投資信託を経由して海外に向かっています。

◆個人資産が、大量に海外に流れている

日本経済新聞によると、国内の投資信託を経由して海外株式へと向かった資金は、2021年には8兆3000億円。日本株への投資額が280億円なので、なんと300倍近いお金が日本で投資されずに海外に流れているということです。

きっかけは、上がらない預金金利や日本市場にうんざりした人が、海外投資に資産運用の活路を求めたことにあります。アメリカ人投資家で、お笑いタレントの厚切りジェイソン氏などが推奨した投資手法に共鳴し、アメリカのイン

デックスファンドを買った人もいるかもしれません（笑）。

ただ、彼の偉いところは、誰かに背中を押されたのではなく、自分の頭で考え、支出を減らし、コツコツと投資してきたこと。

アメリカでは、お金を銀行に預けると口座管理手数料を取られて預金が目減りしていくところが多く、しかも破綻したら1ドルも戻ってこない。しかも、日本は約30年間もデフレという異常な状況を続けていますが、アメリカは適度なインフレが続いているので、株や不動産といったものの資産価値も上がっています。ですから、銀行にお金を置いておくよりも投資したほうがいいという考え方が親から子へと受け継がれています。

また、日本のように「いい大学を出て、いい企業に就職すれば一生安泰な人生」という甘い考えはなく、「自分の人生は自分で切り開く」というフロンティア精神を刷り込まれているので、リスクをとるのは当たり前ということが、伝統的にあります。

◆「一億総貯蓄」が「一億総株主」へと180度変わる

ところが、日本では、明治以来ずっと「投資よりも貯蓄」と国民が洗脳されてきました。

太平洋戦争前の「投資よりも貯蓄」は、国力に乏しかった日本が、国民の勤勉さの結果の貯蓄で戦費を調達するため。太平洋戦争中は、さらにそれがエスカレートし、「戦時貯蓄動員中央協議会」が「一億総貯蓄」の目標額を示し、ほぼ強制的に国民に貯蓄をさせました。戦後も、敗戦のなかで経済回復するために、日本銀行が「救国貯蓄運動」をはじめ、日銀内に「貯蓄増強中央委員会」を創設し、銀行に貯金を集めるための徹底した金融教育を行いました。現在80歳を超える人のなかには、強制的に学校にお金を持ってこさせて貯蓄する訓練を受けた方も多いことでしょう。

そんな「貯蓄至上主義」が転換したのは、今から20年前、小泉純一郎内閣のときでした。

ところが、それまで国が徹底的に貯蓄教育をしてきたので、多くの人が戸惑い、国が思うようにはお金が投資市場に流れませんでした。

そこで今度は岸田文雄内閣が、「一億総株主」というスローガンを掲げ、お金を持っているシルバー世代を中心に、国を挙げて投資へと追い込んでいこうと。やっていることは戦前、戦中、戦後とまったく同じ。なんという、御都合主義でしょう。

◆投資の前に、借金を返そう！

もし、皆さんが、誰の意見にも左右されず、自分の信念で投資をしていける厚切りジェイソン氏のような考えを持っているのなら、私の本など読む必要はないでしょう。

自己責任で、どんどん投資していけばいいのです。

けれど、もしそうでなければ、投資などやめたほうがいい。少なくとも日本の銀行はまだ口座管理手数料がかからないし、破綻しても1000万円までの元本と利息は保証してくれます。特に、退職金を手に銀行の窓口に行って「何に投資すればいいでしょう」と聞くような人は、絶対に投資などすべきではありません。

若い人は、リスクだらけの人生を生き抜いていくのだから、投資でもリスクを取る訓練をしておいたほうがいいかもしれない。ですが、その前に、返済し終えていない奨学金や住宅ローンは、なるべく早く返して、イザという時に困らないようにしておくべきでしょう。

長い人生では、思いもよらないトラブルが起きます。そうした時に、最低限、借金だけはなくしておくと身軽に動けます。

ここ数年、思いもかけないことが次々と起きます。

こうした中での投資は、儲かるチャンスも大きいけれど、失敗することもままあります。こんなときは投資をしてはいけません。どうしても投資したければ、失敗しても、自分の頭で考え、「勉強になった」と笑える程度の損失になるよう、本書が、その一助となれば幸いです。

経済ジャーナリスト　荻原博子

買うと一生バカを見る投資信託　目次

第一部　買うと一生バカを見る投資信託
iDeCo・NISA・投信積立・買ってはいけない投資信託

✕投資信託①　投資信託ありきの国の制度に乗る正直者はバカ

×投資信託②　投資信託のブラックホールにハマったら一生バカをみる

第二部 家計を制する者は人生を制す

マイホーム・保険・収入アップ・現金

×マイホーム 不動産は資産にならない。家を持たない選択もアリ

保険 必要以上の保険は無駄！あれもこれもと保険に入り過ぎるな

◎収入アップ 最大の資産防衛術は自分に投資、自分で稼ぐ

◎現金 現金はいくらあっても邪魔にならず

※本書は2022年8月現在のデータをもとに作成しています。
金融機関の商品や金利、各種手数料、公的制度や税金などは変わる場合がありますので、ご了承ください。

第一部

買うと一生バカを見る投資信託

iDeCo・NISA・投信積立・買ってはいけない投資信託

投資信託①

投資信託ありきの国の制度に乗る正直者はバカ

この言葉を聞いたら席を立つ・NGワード

「新しい資本主義」「資産所得倍増計画」「一億総株主」「貯蓄から投資へ」「投信積立」「人生100年時代」「iDeCo」「NISA」「つみたてNISA」「ドル・コスト平均法」「ほったらかし投資」「コツコツ投資」「不労所得」

眠っている預金を叩き起こす「一億総株主」の裏事情

打ち砕かれた「所得倍増計画」

今、日本では、政府の経済政策である「新しい資本主義」が進行中です。

国民の所得に関しては、岸田首相が自民党総裁選に出た際は「令和版・所得倍増計画」を掲げておりましたが、いつの間にか「資産所得倍増計画」と、知らないうちに「資産」が頭についています。

当初、政府は、「大企業は内部留保をかなり持っている。賃上げをした会社に大幅減税をすれば、給料を上げるだろう……」と、甘く考えていました。ところが企業の7割は赤字で法人税を払っていないので減税など関係なく、儲かっている3割も、給料を上げると先々の負担が増し、1回限りの賃上げ促進減税など論外と応じる気配なし。減税制度を利用したわずかな会社のやり方は、「超優秀な人材を超高い給料で引き抜いてきて、後の人の給料は据え置きか下げる。トータルの支払いで給料が上がっていれば減税してくれるのでしょう」と、社内でさらに格差が広がってしまいました。

この数十年間ほとんど給料が増えていないのに、付け焼刃の政策で企業が動くわけがないのが、わからないのでしょうか。

人の財布に手を突っ込む政府

国民の給料を上げるのは難しいと判断した政府は方向転換をし、名前を「資産所得倍増計画」とさりげなく変更しました。株式投資や投資信託などの利益の税金を安くするので、皆さんは貯蓄を崩して運用に回し、資産を倍増させましょう、と打ち出したのです。投資はギャンブルなので、これは**国が一か八かの勝負を推奨し、資産を2倍以上にしましょう、といっているのと同じ**です。

合い言葉は「一億総株主」。なんだか、私の活躍する場がない！と話題になった、「一億総活躍」と似ています。

政府はどうしてこうも庶民感覚がわからないのか理解に苦しみます。給料や年金が増えないなか、物価だけが上昇し、生活不安が高まっているから、爪に火をともしながらも貯蓄をしているのです。安倍・菅政権で「自助」を押し付けられ、「投資よりも、まず貯金しなきゃ」と考えるのが普通です。

そもそも、資産所得とは、投資から得られる利息や配当、保有している資産を売却することによって得られる売買益のことです。投資にお金を回す余裕のない人にはまったく関係のない話なのに、その人たちも「一億総株主」に入っています。

また、「一億総株主」には、2000兆円といわれる日本の個人金融資産を株式市場へ移行させ、株価を下支えする目的があります。岸田首相は英ロンドンの金融街で「眠っている預貯金を叩き起こす」と約束したそう。勝手に国民の貯蓄を自分のもののように話すなんて、**一国の首相が、人の財布に手を突っ込むような行為はやめていただきたい**ものです。

政府は社会保険の負担を減らす検討を

今、政府がやるべきことは、物価が上がり、インフレの芽が出ているのなら、**消費を減退させないために、本気で所得を増やすこと**ではないでしょうか。この失われた30年、膨らみ続けている税金や社会保険料の負担を軽減することが先決だと思いますが、そのような議論や検討がされている雰囲気はありません。

ちなみに岸田首相は、閣僚の資産公開から株式は保有していないことがわかりました。「一億総株主」に何の説得力もありません。

「老後2000万円問題」は知らぬ間にすっかり解決していた

政府の「老後2000万円」作戦は失敗に終わった

「老後2000万円」問題は、2019年、世の中にセンセーションを巻き起こしました。2000万円という根拠は、2017年の総務省統計局「家計調査報告」から、夫婦高齢者無職世帯（年金で生活している世帯）の収入20万9198円から支出の26万3717円を引くと、毎月約5万5000円の生活費が足りない。これを単純計算すると、老後30年間での不足額が約1980万円だった、から出たものです。

しかし、当時、内訳を見てみたら、ツッコミどころ満載のデータでした。一つをあげると、高齢者夫婦の食費が月6万5000円かかる計算になっています。年金世帯がどれだけ高級なものを食べているのでしょうか。

それぞれの世帯が置かれている状況によって実際の不足額は違うのに、「老後2000万円」という数字はわかりやすく、マスコミに取り上げられやすかったのでしょう。「年金はだんだん減らすからね。支給年齢も上げるから、年金だけでは足りないよ」と国民に暗黙の了解を得ることで、**「これから国は助けないよ。自分のことは自分で責任持ってね」と宣言する布石**だったと思われます。

しかし、報告書は政府批判材料に使われ、当時の麻生太郎財務相が、「公的年金の問題を指摘したわけではなく、赤字という表現を使ったのは極めて不適切だ」と述べ、「そもそも報告書は存在しなかった」ことにして報告書を受け取らなかったというお粗末なやり方で、騒動は沈静化しました。**「老後2000万円」作戦は失敗**したのです。

消費支出を少し減らせば黒字になる

ここで、2020年の「家計調査報告」を見てみます。夫婦高齢者無職世帯モデルケースの収入は25万6660円、支出は25万5550円で、なんと月1110円の黒字に。高齢単身無職世帯の収入は13万6964円、支出は14万4687円で、7723円の赤字になっています。このように、ちょっと支出を減らせば黒字になり、まさにデータマジック。知らない間に「老後2000万円問題」はすっかり解決していました（左ページ参照）。

いずれにしても、数字はモデルケースです。表と比べてみて、我が家の家計はどうなのかを知ることが大事。**実際にもらえる年金の範囲でどうやっていくかを考えたほうが現実的です。**

老後に対処すべきは健康問題

老後のお金の不安は大きく二つです。健康なら小遣い稼ぎや節約もできますが、**病気で動けなくなった場合の医療費と介護状態になったときのお金は心配**です。このうち医療費は、健康保険の高額療養費制度により、70歳以上75歳未満の一般的な所得者なら、大きな病気で手術をしても、健康保険対象の治療なら入院が長引いても、月5万7600円以上の医療費はかかりません。

「老後2000万円」問題のデータマジック！

■ **2017年「家計調査報告」**（総務省統計局）
夫婦高齢者無職世帯の場合

収入　20万9198円
支出　26万3717円

月約5万5000円
足りない！

月5万5000円×12カ月×30年＝**1980万円**

これが
老後2000万円
問題！

■ **2020年「家計調査報告」**（総務省統計局）
夫婦高齢者無職世帯の場合

収入　25万6660円
支出　25万5550円

生活をコンパクトにし、
贅沢な暮らしをしなければ、
年金だけで暮らせる！

問題は、介護費です。「老後2000万円」問題にはすっかり介護費が抜け落ちていました。

「生命保険に関する全国実態調査」（2021年）によると、全国平均で介護に費やした期間は5年1カ月、初期費用（リフォームや介護用ベッドの購入）が74万円、月の介護費用は8万3000円（介護保険の自己負担分含む）かかっています。実際に介護にかかる費用は1人約600万円。介護保険だけではまかなえず、持ち出しは覚悟しなくてはなりません。

夫婦のどちらかが介護状態になったとき、子どもには金銭的迷惑をかけたくないもの。必然的に老々介護状態になり、やがて1人が亡くなって、残された1人が介護状態になったら施設に入るのが一般的です。私は介護費と医療費を合わせて、夫婦で1200万円、それにお葬式代やリフォーム費用として300万円をプラスして、**1500万円をとっておくこと**を提案しています。

「なんだ、2000万円と1500万円では、500万円しか違わないではないか」といわないでください。介護状態にならなければこのお金は不要ですが、万が一の不安を払拭するためのお金として、これくらいの金額は備えておきたいものです。

50代になったら資産の棚卸しをし、現在持っている資産と退職金などから1500万円をねん出できるかどうか計算してみましょう。すでに1500万円ある人は、そのまま使わずに持っておきましょう。1500万円に満たない人は、足りない分を埋める計画を立てましょう。

老後は年金の範囲で暮らす

老後は人によって生活レベルが異なるとは思いますが、働く期間をできる限り長くすることで、生活費はそれほど心配する必要はありません。

老後は年金の範囲で暮らせるよう今から節約を心がけ、生活をコンパクトにすることが大事。**夫婦で年金が20万円もあれば暮らせるため、それほど多くの老後資金は必要ありません。**無意味な老後不安に陥るのはやめて、明るい老後を描いたほうが人生は楽しくなります。

「投資をしない」という若い世代の賢明な判断

日本の貯蓄ゼロ率は、２人世帯22・０%、単身世帯33・２%

日銀の資金循環統計（２０２２年１〜３月）から個人金融資産が２００５兆円と、年度末として初めて２０００兆円を超えました。周囲を見回してみると、高齢者はたくさん持っていそうですが、若い世代からは貯蓄ゼロという声もよく聞きます。

そこで、実際のところ一般市民はどれくらいの貯蓄を持っているのか、調べてみました。金融広報中央委員会の「家計の金融行動に関する世論調査」（２０２１年）の金融資産保有額（金融資産を保有していない世帯を含む）から年代別に見てみましょう。**一部の富裕層が多額の貯蓄をしているので、中央値（データを大きい順に並べた**

ときの中央の値）も出します。自分が平均より上なのか、それとも下なのか確認してみてください。

【2人以上世帯調査】

貯蓄額平均：平均／中央値／貯蓄ゼロ率
全国：1563万円／450万円／22・0％
20代：212万円／63万円／37・1％
30代：752万円／238万円／22・7％
40代：916万円／300万円／24・8％
50代：1386万円／400万円／23・2％
60代：2427万円／810万円／19・0％
70代：2209万円／1000万円／18・3％

【単身世帯調査】

貯蓄額平均：平均値／中央値／貯蓄ゼロ率

全国：1062万円／100万円／33・2％

20代：179万円／20万円／39・0％

30代：606万円／56万円／36・3％

40代：818万円／92万円／35・7％

50代：1067万円／130万円／35・7％

60代：1860万円／460万円／28・8％

70代：1786万円／800万円／25・1％

調査データから、例えば40代の2人以上世帯の平均貯蓄が916万円で、中央値が300万円、貯蓄ゼロの世帯は24・8％。一方、40代の単身世帯を見てみると平均値が818万円、中央値は92万円、そして貯蓄ゼロの人は35・7％います。

全国平均の貯蓄ゼロ率を見ると、2人以上世帯22・0％、単身世帯33・2％。これが個人金融資産2005兆円の中身です。

投資をしない・できないが74％

政府が「新しい資本主義」を出した翌日、ＪＮＮの世論調査（全国18歳以上の男女２５２８人）が発表されました。

世論調査で「今後、貯蓄を投資に回そうと考えるか」との問いに

・投資に回そうと思う　23％
・投資に回そうと思わない　40％
・投資に回す貯蓄がない　34％

という、投資をしない・できないが74％の結果になりました。

テレビで、ある乳母車に子どもを乗せた30代の女性がいっていました。

「ｉＤｅＣｏって年金なの？　投資信託を積み立てるの？　しかも30年も？　この先何があるのかわからないのに30年間も投資なんてできませんよ」

私は、この女性は賢いと思いました。また、**データから「お金がないのに投資をするバカ」が、あまりいない**ことにホッとしました。

投資信託を積み立てるiDeCo（イデコ）なんかおやめなさい

「iDeCo」は自分で運用する任意年金

政府は「新しい資本主義」の時代、「資産所得倍増計画」を実現させるため、国民全員に投資を推奨しています。それまで日本人は、お金は貯めるものだという教育を受け、子どもがもらったお年玉でさえ貯蓄をしてきたのに、一転して「貯蓄から投資へ」と、岸田首相自らが声を大にして呼びかけています。

参考までに「投資」という言葉は損をするイメージがあるからと、昨今、「貯蓄から資産形成へ」と言い方を変えていることにも注目しましょう。もちろん、中身は同じです。

２０１７年1月、それまで希望する企業だけが導入していた「日本型４０１ｋ」が広く一般に拡大されました。**通称「iDeCo（イデコ）」です。**日本語読みにすると、**「個人型確定拠出年金」**で、個人が、老後のために、自分で拠出する（出す）お金を、投資信託を利用して、自分で運用する、任意加入の個人年金です。

投資信託を積み立てる「iDeCo」

ｉＤｅＣｏは老後に向けて毎月一定額を、あらかじめ選んだ金融商品で運用していくもので、大半の人が投資信託のラインナップから選ぶような仕組みになっています。

メリットは、

①毎月の掛け金は全額所得控除になるので、所得税と住民税が安くなる
②運用中に得た利益に税金がかからない
③国が認めた金融商品の中から選ぶ
④年金を受け取るときは、退職所得控除か公的年金控除になる、です。

通常、投資の軍資金は所得控除にはならないし、投資信託で得た利益には20・３１

5％の税金がかかりますが、iDeCoはかかりません。投資信託は運用できる商品が決まっており、その中から選びます（政府がリストアップしたからといって、リスクが低いとは限らない）。

国は投資に対し、無限大に税金を安くするわけにはいかないので、iDeCoには積立金に上限があり、細かく設定されています（37ページ参照）。

元本割れする可能性がある「iDeCo」

iDeCoは節税になる半面、それを上回る大きなデメリットがあります。それは、

①積み立てたお金が60歳まで引き出せない
②投資商品なので、元本割れする可能性がある
③安くはない手数料がかかる、です。

銀行の積立定期なら手数料なしで、いつでも自由に引き出すことができますが、**iDeCoは自分のお金にもかかわらず60歳になるまでは引き出せない**のです。長い人生の途中にはお金が必要なときもあるでしょう。でも、30歳で始めた人は30年間続け

て、その間、引き出せません。しかも投資商品なので、**引き出すときに投資した金額よりも少ない元本割れの可能性**があります。

さらに注目すべきことは、**運用している間、ずっと手数料がかかります。**その手数料は安くはなく、iDeCoに加入する際、国民年金基金連合会に2829円を払います。金融機関には専用口座を開設する際に3000円程度、口座管理手数料として年2000~7000円程度（金融機関によって異なる）の手数料がかかり、口座から毎年、自動的に引き落とされます。運用益が出ていればまだしも、運用損でも手数料は引かれます。金融機関にとっては長期間、手数料がチャリンチャリンと入ってくるので、**iDeCoは打ち出の小づちのようなもの**です。

元本保証のない投資を、金融機関へコツコツ手数料を払いながら実行するのは、いくら税金が安くなるとはいえ、どこか腑に落ちない制度です。

忘れやすくできている iDeCoの税還付

iDeCoの上限額は職場や職業によって異なる

iDeCoは、毎月一定額の掛け金を出して投資信託などで運用し、60歳以降に運用したお金を受け取る仕組みです。年払いでの積立はできますが、投資信託の基準価額が安いときにまとめて買うことはできません。**いったん積立を始めると60歳の誕生日まで続けることになり、原則として途中解約はできません。**

また、掛け金は全額所得控除になるため、職場や職業などによって上限額が細かく決まっています（左ページの図参照）。これは簡単にいうと、給料の大半をiDeCoにして、税金を払わないという裏ワザを阻止するためです。

「iDeCo」の上限額は人によって異なる

■ 企業年金の種類

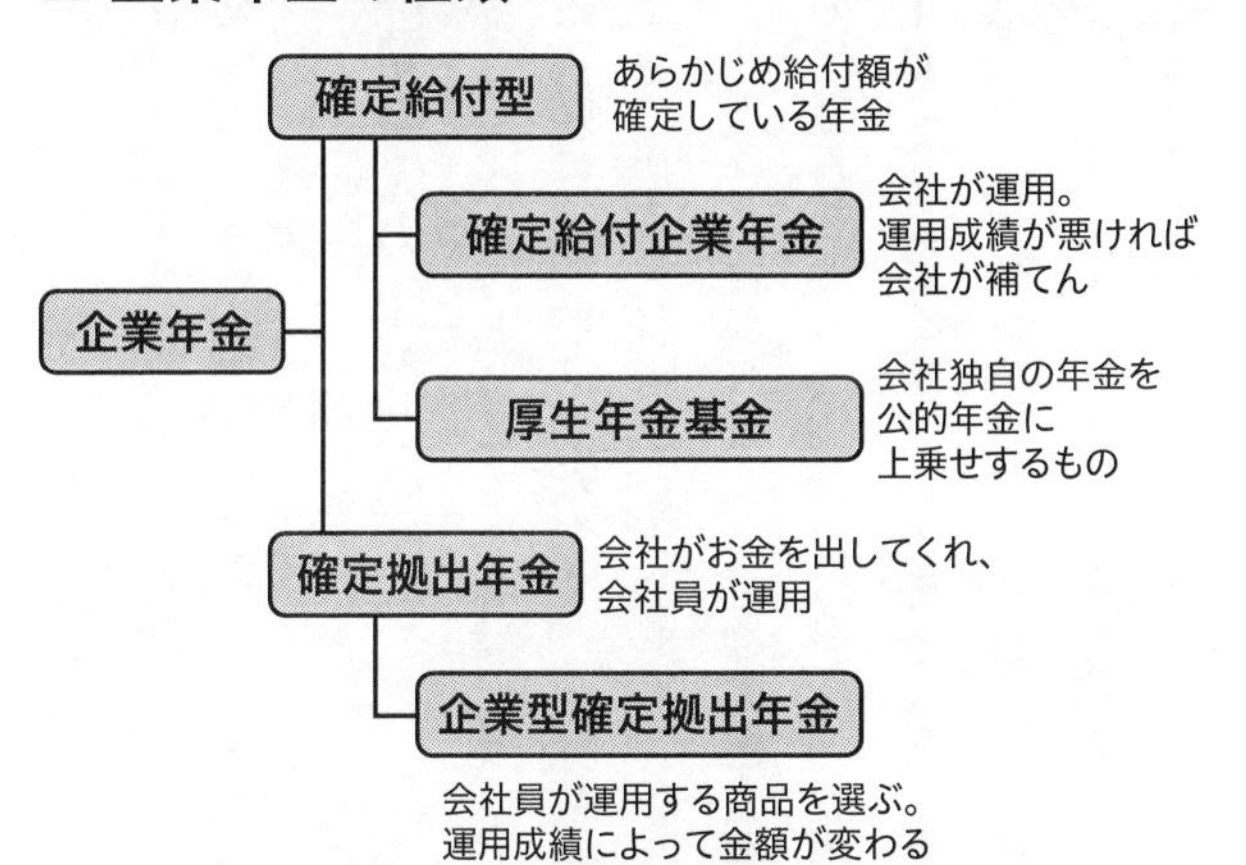

■ 「iDeCo」の掛け金の上限額

第2号被保険者	公務員	月1万2000円（年14万4000円）
	企業型確定拠出年金と確定給付企業年金の両方に加入している会社員	月1万2000円（年14万4000円）
	確定給付企業年金のみに加入している会社員	月1万2000円（年14万4000円）
	企業型確定拠出年金のみに加入している会社員	月2万円（年24万円）
	会社に企業年金のない会社員	月2万3000円（年27万6000円）
第3号被保険者	専業主婦・主夫	月2万3000円（年27万6000円）
第1号被保険者	自営業・フリーランス	月6万8000円（年81万6000円）

例えば企業年金のない会社員は年27万6000円、国民年金に加入している自営業は年81万6000円までが所得控除の対象です。政府が「iDeCoを拡充する」といっていたので、この上限額が上がる可能性はあります。

会社員は勤務先の印鑑が必要

会社員がiDeCoに入るためには「加入資格があること」と、「掛け金の限度額」を証明する書類に社印が必要なので、会社に申し出る必要があります。加入後も、毎年6月に会社にリストが届き、年金担当者がそれを返送するという、掛け金の上限についてのチェックが行われます。**会社の担当者の手を借りることになる**のですが、iDeCoの仕組みを知らない会社も多く、説明を求められるかもしれません。

また、**iDeCoは転職をしても続けることを前提**としているので、転職した場合は、新たな会社で掛け金の上限を申告する必要があります。

自営業やフリーランスの人は自分で書類に記入し、提出の窓口は銀行など身近な金融機関となります。

税金は手続きをしないと安くはならない

iDeCoは税金が安くなるのがメリットですが、自動的に安くなるわけではなく、手続きを忘れるとメリットを享受できません。毎年、自分できちんとした手続きをする必要があります。

会社員と公務員は年末調整で申請をします。10月ごろに国民年金基金連合会より「小規模企業共済等掛金払込証明書」というはがきが届き、これは1年間、iDeCoで積み立てた金額を証明するものです。これを会社からもらう年末調整の書類「給与所得者の保険料控除申告書」の「確定拠出年金法に規定する個人型年金加入者掛金」の欄にその年の払込合計額を記入し、**はがきを添付して会社に提出**します。iDeCoはこの手続きを忘れる人が多いのです。

自営業やフリーランスの人は、毎年の確定申告で、「小規模企業共済等掛金控除」の欄に金額を書き、所得控除を受けます。

このように、iDeCoの所得控除は、少し面倒な毎年の手続きが必要なことを覚えておきましょう。

投資信託の「つみたてＮＩＳＡ」なんかおやめなさい

現行のＮＩＳＡの上限投資額は１２０万円

ＮＩＳＡの正式名称は「少額投資非課税制度」といいます。銀行や証券会社に専用のＮＩＳＡ口座を開設し、投資して儲かったお金には税金をかけないという制度です。iDeCoとセットで説明されることが多いのですが、「ＮＩＳＡ」は年金ではないので、誰でも上限額まで投資でき、いつでも売却ができ、投資額は所得控除にはなりません。

通常、投資で儲かると利益に20・315％の税金がかかりますが、ＮＩＳＡで取引をすると、値上がり益から税金が引かれません。配当金にも税金がかかりません。Ｎ

ＩＳＡには、「一般ＮＩＳＡ」と「つみたてＮＩＳＡ」がありますが、どちらかしか利用することができず、**「一般ＮＩＳＡ」は株式投資で利用する人が多く、「つみたてＮＩＳＡ」は投資信託オンリーの制度**です。

「一般ＮＩＳＡ」の現状は、毎年１２０万円まで取引することができ、５年間で最大６００万円の投資額に対して税金はかかりません。５年間の非課税期間が終了した後は、

①利益非課税で売却する
②特定口座などの課税口座へ自動的に移行（時価で払い出し）
③手続きをして、ロールオーバーする

の三つから選んで、精算します。現在の制度では、ロールオーバーすれば最長10年まで非課税です。

「つみたてＮＩＳＡ」の現状は、口座開設可能期間が２０４２年まで5年間延長になりました。これによって、２０２３年までに「つみたてＮＩＳＡ」を始めれば、年間40万円を上限に、最長で非課税期間20年間の積立投資ができます。

金融庁は2023年度の税制改正で、NISAの拡充を求めると発表しました。政府が求める「資産所得倍増プラン」に沿った政策として実現したいとしています。どうやら「つみたてNISA」を基本とし、制度の恒久化や年間投資枠の拡大、非課税限度額の拡大を求めていますが、議論はこれからだそうです。

「一般NISA」を使って損することも

この先、制度がどうなろうとも、私はNISAをオススメしません。**「一般NISA」は値上がり時にはメリットが大きいですが、損失時には機能しないのがデメリット**です。例えば100万円の株が80万円に値下がりしたとしましょう。投資家は値下がりすると損を確定させたくないので、そのまま口座に放っておいて100万円に戻るのを待つ「塩漬け」という状態にしがち。この行為は株式投資をやったことのある人は「うん、うん、その通り。わかる」と思うはずです。

ところが、「一般NISA」で「塩漬けした」株は、前述の①で売って損切りするか、③で5年なり、10年なりで、損をしていても売って確定しなければなりません。②の通常の課税口座に戻してもよいですが、そのときの株価が80万円だったら、80万円で買ったということになります。そのまま「塩漬け」して、やっと100万円に株価が戻って売るときには20万円の利益となり、約4万円の税金が引かれます。もともとは100万円で買っているのだから、実質的な利益はゼロなのに、税金だけを引かれるということもありえるのです。

つまり、「一般NISA」で損失が出た場合、非課税の恩恵が受けられないどころか、損することも。特定口座や一般口座で発生した利益との損益通算をすることもできません。

政府や金融機関は損をしたときのリスクについてあまり説明をしませんが、「一般NISA」で「塩漬け」すると、後々払う必要のない税金を払わなければいけない可能性があることを覚えておきましょう。

「つみたてNISA」で教育資金を貯めてはいけない

2018年1月から、「つみたてNISA」が始まりました。「一般NISA」は投資枠内でいつでも投資ができますが、「つみたてＮＩＳＡ」は、同一の投資信託を毎月コツコツと同一金額分を買っていくというもの。上限額は年40万円、最長20年間非課税で運用でき（２０２３年より上限が上がる可能性あり）、投資対象商品は金融庁が定めた基準を満たす投資信託とＥＴＦ（上場投資信託）です。積み立てた資金はいつでも引き出して使えます。また、枠内ならボーナス月の増額も可能です。

売り文句は「月々少額の投資で、家計の負担にならずに長期間運用でき、さらに、非課税の複利効果でお金が増えやすい」というもので、老後はもちろん、子どもの教育資金を貯めるのに向いていると宣伝しています。

けれども裏を返せば、**投資額に上限があり、商品ラインナップが限られており、通常の証券口座との損益通算ができない**という、ほとんど自由度がないがんじがらめの制度です。

しかも、投資商品である以上、元本割れする可能性も当然あります。

例えば、二人の子どもを大学に入れるため、５年後に教育資金として３００万円が必要なので、つみたてＮＩＳＡで準備するとしましょう。銀行の積立定期で月５万円ずつコツコツ積み立てしていけば、5年後には確実に300万円を準備できます。けれどもその5万円を投資に回したら、必ず300万円になるという保証はありません。運用が上手くいけばよいですが、上手くいかなかったら、大学には一人しか行けないということにもなりかねません。

政府は、「人生100年時代に向け、家計の安定的な資産形成を支援するのが、改正のいちばんの狙い」といいますが、**投資した全員がうまくいくことはありえない**でしょう。

「NISA」は複雑で、とてもわかりにくい制度です。「ジュニアNISA」は短期間で終了しました。「新NISA」もどこかへいってしまったような……。次は「成長投資枠」というのができるそうです。コロコロ変わる国の制度に不信感が募ります。

お金を「ほったらかし」にする人は投資をするべきではない

「ドル・コスト平均法」は万能ではない

「一億総株主」の実現に向け、政府が用意した**iDeCoとつみたてNISAの中身は、投信積立**です。今、「ほったらかし投資術」といわれる、投信積立を長期間やることがもてはやされていますが、そんなによいものでしょうか。

「ほったらかし投信積立」は、皆さんも一度は聞いたことのある「ドル・コスト平均法」を使った投資術です。これは投資商品を購入する手法の一つで、「同じ投資商品を、常に一定の金額で、定期的に買い続ける」というもの。売り文句は、「運用商品を売買するタイミングをとるのは初心者には難しいので、高くても安くても自動的に買いつけていきましょう。投資信託の価格が値上がりしていたら買える量が少なくなり、値下がりしていたら多く買えるので、長期間で均せば平均的な価格で買えます」というのが理屈です。

一見、理にかなっているように感じますが、**逆をいえば、安いときにたくさん買いたいと思っても買えないし、高いときは買いたくないと思っても買わなければなりません。**スーパーの売り出しを狙って買い物をしている人ならわかると思うのですが、商品が安いときには買いだめをして、高いときには手を出さないのがトクでしょう。

投資は安く買えるチャンスを逃してはダメ、逆に高く売るチャンスを逃すのもダメです。なのに**「ドル・コスト平均法」はどちらのチャンスも逃しています。**

また、「ドル・コスト平均法」は、上がり下がりがあっても全体的にゆるやかな右肩上がりの期間に投資することで、平均点が上がる仕組みです。これが、もしゆるやかな右肩下がりの期間に積み立てると平均点は下がります。

例えば、日本株投信をバブルまっさかりの日経平均株価3万9000円台から積み立てを始めて、そこからガックンと右肩下がりとなり7000円台で老後を迎え、いよいよお金が必要なので売ろうとしたら、元本割れだったという計算になります。つまり、「ドル・コスト平均法」は万能ではないのです。

値動きのある商品を買い付けるのにもかかわらず、**「ほったらかし」でいいわけがありません。**この新型コロナ暴落にしても誰が想像できたでしょうか。**投資積立をやればお金が増えるというのは幻想**です。

コツコツ手数料を払う投信積立

なぜ、こんなバカげた「ドル・コスト平均法」を金融機関やファイナンシャルプランナーが万能として〝どや顔〟で、投資家に説明するのでしょうか。それは売る側にメリットがあるからです。

投信積立は、毎月、機械的に同じ日に買っていくので、顧客は逃げません。いったん始めさせてしまえば、何もしなくても手数料が稼げる優良商品です。しかも長期間、顧客をがっちりつかむことができ、相場が大暴落しても、「大丈夫、長い目で見ればそのうち上がりますから」とうまく丸め込めることができます。

金融機関にとって投資信託は、売れば確実に手数料が入る収益商品です。**投信積立をする人はリスクを抱えることになりますが、銀行はノーリスクで儲けられるおいしい商品**なのです。

どうも、日本人は「積立」「コツコツ」という言葉をハナから信用してしまうようです。銀行の自動積立定期のイメージから、投資信託もコツコツ貯めていると思っているのでしょう。けれど、積立であろうが、一括購入であろうが、投資は投資です。売るときに半額になっている可能性だってありえます。

投信積立で、投資家がやっていることは自分の資産をほったらかして、任せっきりにしているということ。手数料の大小は商品によって異なりますが、**1万円を積み立ててもそこから手数料が引かれるので、1万円スタートの投資ではありません。**手数料分を回収したところからお金が増えることになるので、手数料より高い運用利回りでないと意味がないことをお忘れなきよう。

投資の世界はそんなに甘くはありません。お金の動きをいつも見ていられないという人は、投資をするべきではありません。

新型コロナ、円安、物価高、戦争……今は「投資をしない」が正解

「投資」と「積立」はマッチしない関係

投信積立を実行するｉＤｅＣｏとＮＩＳＡの中身を説明してきました。

おさらいをすると、60歳まで引き出せないｉＤｅＣｏはコロナ禍で多くが経験した資金不足やリストラ時などには役に立たない。ＮＩＳＡは、利益が出なければ非課税枠の恩恵を受けられない。そのうえＮＩＳＡは、度重なる改定で制度がややこしい、です。

「投資」と「コツコツ積み立て」は、相反する関係であることもわかっていただけたと思います。切った、張った、の生き馬の目を抜くような投資の世界で、なけなしの

お金で「コツコツ投信積立をしましょう」という手法は、プロから見れば赤子の手をひねるようなもので、バカバカしいやり方です。

今、皆さんが、iDeCoとNISAを使った投資に興味があるのは、切羽詰まった気持ちからではなく、単に「月に数万円、小遣いとして不労所得を得たい」「仕事よりラクにお金を稼ぎたい」「儲かっている人がうらやましい、自分もお金持ちになりたい」と思っているだけではないでしょうか。おそらく、大半の人は、夢中になるほど投資が好きだということではないでしょう。投資の世界はそんなに甘くないことも知っているはずです。

そんな気持ちに付け込んで、政府と金融機関が結託し、「新しい資本主義の時代がやってきました。投信積立をして自分で年金を増やしましょう」と、大々的なキャンペーンをし、政府はiDeCoやNISAを拡充するといっています。

しかし、国が税金を安くするときには、必ず裏事情があります。それはますますの高齢化社会になり、社会保障が維持できなくなることが予測され、国民により強く「自己責任」や「自助努力」を求めているのです。

今は個人投資家が手を出すタイミングではない

投資をするなら、経済が安定していて、景気が上がり調子のとき。割と安易に儲かる可能性が高い。しかし、現在は世界の政治も経済も不安定で、新型コロナウイルスを筆頭に、円安、物価上昇、戦争、エネルギーや食料不足など、不安要因がたくさんある状況です。株価も為替も乱高下し、**どちらに転んでも不安がつきまとう状況は、一般の個人投資家が手を出す相場環境ではありません。**

何だかんだいっても、日本はまだデフレ経済で、いくら物価が上がっているとはいえ、世界に比べて格段に安い状況です。投資をするなら、日銀が「デフレ脱却宣言」をしてからでも、十分に間に合います。

今、儲けている投資家は「コツコツ」でも「時間をかけて」でもなく、稼げるときにドンとお金を投入し、稼げるだけ稼いでサッと勝ち逃げする、あるいは伸びないと思ったらサッサと見切りをつけて次に行く、短期間でお金を動かすことで儲けるやり方が主流です。儲けるためには多くの情報を集め、タイミングを計り、勝つための努力を惜しまないこと。自分のお金をほったらかすなんてことはけっしてしません。

投資をするということは、プロの投資家と同じ土俵で戦うことです。**投資の「と」の字も知らない人が、ちびちびやって損失を抑える方法なんて、軍資金が目減りするだけ。**世の中の動きはとても速く、突拍子もないことも起こります。誰がこのコロナ禍を予想したでしょうか。

この先も予測不可能なことがどんどん起きるでしょう。このような状況下では、素人は投資に手を出さないことがいちばんです。

投資とはお金を動かしてナンボの行為

もし、あなたが生活費とは別の余分のお金を持っているのなら、私は軍資金をほったらかす投信積立ではなく株式投資をすすめます。今のような先のわからない状況は大失敗する可能性もありますが、大儲けできるチャンスもあるからです。ただ、これは投資でお金を失っても失敗に耐えることのできる人の話です。

投資に必要なのは、**潤沢な資金と、時間と、情報**です。

株式投資なら銘柄選択から勉強になるし、どうしてその銘柄が上がったのか、下がったのかを考え、それが教訓となって次に活かせるからです。中身がよくわからない投信積立では情報を得ようにも得られず、何の投資の勉強にもなりません。

例えば株式投資で100万円の株を買い、値上がりしたときに売れば誰でも儲かりますが、値下がりして、仮に50万円になったときに、なけなしのお金で買った人はそれが100万円になるまで「塩漬け」しないと損をしてしまいます。デフレ経済では株価はなかなか元には戻らず、取り戻すには時間がかかります。

けれど、潤沢な資金がある人は、50万円になったとき、さらに100万円分の2株を買うと、株価が75万円に戻れば儲けが出ることになります。たくさんお金がある人には、儲かるチャンスも広がるのです。

このように投資とは、**お金を動かすことで利益を生む行為です。動かせるお金のない人はやらないほうがいい**です。

「借金減らして、現金増やせ」に励もう

私は、バブルが崩壊してからずっと「借金減らして、現金増やせ」といい続けてき

ました。異を唱える人がいるかもしれませんが、「借金減らして、現金増やせ」をずっと実行してきたのが、何を隠そう日本の大企業です。

日本の大企業は、1990年代前半のバブル経済以降、不良債権を処理してからとにかく内部留保を増やしてきました。内部留保というのは会社における貯蓄のようなもので、途中で従業員の給料を上げることなく、企業は万が一のためにとせっせと貯蓄してきたのです。

万が一の事態であるコロナ禍においても、企業の財布の紐は固く、おかげで大企業の財政状態は全体的にとてもよい状態です。

家計においてもこのような大企業の行動を見習い、借金を減らして現金を蓄えることを実行するべき。**何が起こるかわからない時代は変に動くことなく、現金をがっちり握っておくのが正解**です。

投資信託②

投資信託のブラックホールにハマったら一生バカを見る

この言葉を聞いたら席を立つ・NGワード

「分散投資」「長期投資」「運用をプロに任せる」「インデックスファンド」
「お小遣いのような毎月分配金」「投資信託で不動産オーナー気分」
「積極的に投資」「バランスよく投資」「テコの原理」「無料セミナー」「無料相談」

投資のプロに頼む投資信託には三つの手数料がかかる

投資信託には耳当たりのよい売り文句がてんこ盛り！

投資信託とは、多くの個人投資家から少しずつお金を集めて「ファンド」を作り、国内外の株式、債券、不動産、原油、商品、金など、値動きのある金融商品に複数投資して運用するパッケージ商品です。

集めたお金で、どの商品を、どのタイミングで、どれくらい売買するかなどの運用は、投資信託専門の運用会社に在籍する〝ファンドマネージャー〟が決めます。

日経平均株価やトピックス、米国株ならNYダウやS&P500など、特定の指数に連動するよう設計されたインデックス型の投資信託なら、組み入れ銘柄が決まっているので、〝ファンドマネージャー〟は存在せず、自動運用がなされています。

投資信託の売り文句は、

「100円から買えるので、気軽に投資できる」

「いつでも買うことができるし、いつでも売ることができる」

「投資信託のなかに複数の金融商品が入っているので、1本で分散投資ができる」

「運用は、専門家（プロ）が行うので安心」

「株とは異なり破綻することがなく、リスクは小さい」
「積み立てることも可能で、ほったらかしたまま長期間運用ができる」
など、金融機関の窓口やＷＥＢサイトでは、運用商品としてこれ以上のものはないくらいの勢いで、自分で自分を褒めています。

けれども、投資信託は本当に優れた商品なのでしょうか？

本章では、このような**耳当たりのよい売り文句の裏側にどのような意図やリスクが隠れている**のか、甘い言葉に潜むウソや罠を暴いていきます。

購入時、保有時、売却時に「それなりの手数料」を払う

なぜ、投資信託が必ずしも儲からないのか。基本のキの手数料を見ましょう。

1本の投資信託には、販売担当の銀行や証券会社、運用担当の投信運用会社、資金管理担当の信託銀行が複雑に絡んでいます。「プロに頼む」のだから、もちろん有料です。これら一連の仕組みを使うためには一般的に**三つの手数料**がかかり、それを絡んでいる金融機関で分けています。

「購入手数料」は、販売窓口となる銀行や証券会社に払う手数料で、購入金額に対して0～3％程度がかかります。つまり、物を買うのに手数料がかかるという、他には見当たらない商品です。中にはノーロード（購入手数料が無料という意味）の投資信託もありますが、無料分を目立たぬように広く薄く経費に上乗せしているものも。

「信託報酬」は、販売会社、運用会社、資金管理会社に払う運用手数料です。保有額に対し年0・1～2％の日割り計算で、元本から手数料が引かれます。その分運用に回せるお金が減るので、この手数料は運用成績に与える影響が大きいです。

「信託財産留保額」は、投資信託を売却するときに費用を負担する場合があり、0・1～1％の手数料がかかります。

投資信託は購入時、保有時、売却時に手数料がかかる商品。ですから、投資信託で運用したいなら**「それなりの手数料」を払う**覚悟が必要です。投資信託は投資商品なのですから、プロに頼んでも損をする可能性があり、**損をしても「信じて託したあなたの自己責任」**なので、手数料は払います。

2本の投資信託の栄枯盛衰

昔は、投資といえば株式、少し幅を広げても債券で、ごく一部の投資家がギャンブルのごとく電話で注文を出していました。それが投資信託という形で、投資が広く一般庶民に広がったエポック的なファンドが2本あります。それは現・三菱UFJ国際投信が運用している「グローバル・ソブリン・オープン（毎月決算型）」と、野村アセットマネジメントが運用している「ノムラ日本株戦略ファンド」です。

「それらの投資信託は私も買って、損をして手放した」、あるいは「売るに売れず、まだ持っている」という人も多いので、振り返ってみましょう。

【グローバル・ソブリン・オープン（毎月決算型）】

1997年12月、毎月分配型投信の代名詞的な存在として登場した「グローバル・ソブリン・オープン（愛称：グロソブ）」。それまでソブリン債（外国の政府などが発行する債券）に投資する投資信託はマイナーだったのですが、「分配金を毎月受け取れる」という日本初ともいえるスタイルが投資家に受けました。

当初の売り出しは1万円＝1万口で、1万口当たり40円を毎月分配するグロソブは爆発的ヒットを飛ばし、2002年1月から12年間、国内投資信託の残高首位を守り続けました。人口3万2000人の香川県小豆島でグロソブの預かり残高が100億円を突破した、というニュースには驚きました。リーマン・ショック直前の2008年8月には純資産残高は5兆7000億円を突破。今もその記録は破られていません。

しかし、その**分配金は、儲けで払えない分は元本の中から出ている**ので、投資家の利益にはなりづらいのです（81ページを参照）。

1口1万円でスタートしたグロソブの純資産残高はどんどん膨らみましたが、基準価額は分配金を払い出しているので、発売以来、右肩下がりの状態。純資産残高5・7兆円のピーク時の基準価額は7600円前後、リーマン・ショック直後は米国の金利低下による運用難や、他の投資信託に乗り換える人が続出し、6000円を割りました。

現在もグロソブは運用中です。1万円で売り出し、最安値は4703円（2020年3月）。25年後の現在は5000円前後、売り出し時40円あった分配金は5円、5・

7兆円あった純資産残高は3100億円前後です。純資産残高の大幅な減り具合から、**途中で売却した人の大半が損をした**ことがうかがえます。

グロソブは豊富な資金を持つ高齢者に多く販売されました。月々数万円の分配金をもらっていたけれど、いざ、解約をしたら数百万円、中には数千万円を損したという人が続出したのです。

【ノムラ日本株戦略ファンド】

2000年2月、ネットバブル真っ只中に、「ノムラ日本株戦略ファンド」は誕生しました。今では考えられませんが、投資信託のCMがテレビでバンバン流れ、ファンドマネージャーらしきカッコいい男性たちが、「愛称：Big Project-N」をバックに、「お任せください」的な内容で宣伝していました。

日本株が上がる期待を一身に集めたビッグプロジェクトNは、すぐに純資産残高1兆円を突破。しかし、今、株価チャートで振り返れば、ネットバブルの頂点で運用を開始したタイミングが最悪でした。**約1年後には基準価額が約60％下落**したという、悪い意味で後世に語り継がれる投資信託となったのです。

現在も「ノムラ日本株戦略ファンド」は運用中です。22年前に基準価額1万円で売り出した投資信託は、最安値が3529円（2009年3月）。現在は1万1800円前後、1兆円あった純資産残高は470億円前後に減りました。こちらも純資産残高の減り具合から**途中で売却した人の大半が損をした**ことがうかがえます。長らく続いた日本株低迷期を、冷や汗をかきながら耐え抜いた人はプラスになっているかもしれませんが、その間も信託報酬年2・09％を元本から引かれているので、実質はマイナスではないでしょうか。

投資信託は売り文句どおり1本で分散投資でき、長期運用もでき、プロに任せることもできますが、儲かるとは限りません。リスクがあるという意味では個別に株式投資するのと同じです。それをいかにも**「簡単」「ほったらかしできる」と宣伝しているのは、金融機関が投資信託を売りたいテクニック**なのでしょう。

次項からは、ブラックホールのような投資信託の中身に迫っていきます。

「分散・長期・プロに任せる」は投資信託の〝まやかし〟

素人を騙す投資信託の3大用語

今、投資をしたいというと、金融機関や投資の専門家は判で押したように「短期間で売買するのではなく、じっくり長く運用するとリスクが小さくなる」と長期投資を勧めます。

国民年金連合会のホームページでは、投資とは資金を分散し、長い目で見るのが基本。ｉＤｅＣｏを使い、プロが運用する投資信託を積み立てて自分で年金を作ろう、と勧めています。

「分散投資」とは、資金を多くの金融商品に分けることで損するリスクを分散させること。投資信託は金融商品の集合体なので、「1本で分散投資ができる」という売り文句があります。また投信積立は時間を分散できるという意味でも勧められます。

「長期投資」とは、短期間で売買を繰り返すのではなく、長く保有することでリスクを穴埋めでき、最終的にはよい結果を得られるというもの。投信積立は長い目で見てコツコツ投資をするという意味でも勧められます。

「運用をプロに任せる」は、金融商品を自分で選んだり、運用したりせずに、運用会社にいる投資のプロが運用する投資信託を買い、手数料を払って任せるということ。しかし、あなたのお金をプロに任せても儲かる保証はありません。大損しても「投資はあくまでも自己責任」といわれて終わりでしょう。

この三つの言葉が出てきたら要注意、身構えましょう。

「分散投資」なんかおやめなさい

分散投資を説明する例えとして「卵を一つのカゴに盛るな」という教えがあります。これは、卵を一つのカゴに盛ると、そのカゴを落としてしまったら全部の卵が割れてしまうので、複数のカゴに分けて卵を盛れば、そのうちの一つのカゴを落として卵が割れてダメになったとしても、他のカゴの卵は影響を受けずに済むという考えです。転じて、特定の市場や銘柄だけに投資をするのではなく、複数の金融商品に分けて投資を行うことでリスクを分散させたほうがよいという教えです。

この分散投資を投資信託なら1本で実現できるというのですが、本当にそうでしょうか。

記憶に新しい2008年9月、米国のリーマン・ブラザーズ証券が経営破綻し、世界中がリーマン・ショックに見舞われました。もともと日本の株価は低かったのですが、日経平均株価は10月に、一瞬、7000円を割りました。為替レートは1ドル87円前後の円高となり、債券も売られて大幅下落、ことごとく暴落して借金を背負った人たちが返済のために不動産を売ったので、不動産価格も下がりました。

つまり、**株、円、債券、不動産という卵は別々のカゴに盛ってあったのに、すべての卵が割れたという事態が発生**したのです。もちろん投資信託だけ助かったという話はどこにもありません。リーマン・ショックのような大きな出来事があると、世界中でほとんどのものが影響を避けられないということです。

バブル崩壊を経験した人は同意してくれると思うのですが、今が高値で「全員が損をする」という事態もありえるのです。しかも投資信託には何が組み込まれているのかわからないので打つ手なし、です。

「分散投資」で成功しているのは、ジム・ロジャーズ、ウォーレン・バフェット、ジョージ・ソロスのような多額の資産を持っている投資家です。彼らはさまざまな商品で運用できる資産があり、優秀なアナリストやファンドマネージャーに多額の手数料を払っています。潤沢な資金を使い、これが調子いいからの伸ばす、こっちがダメならこれで補てん、経済危機で運悪く暴落したものを大量に買い占める、これから成長しそうなものに先行投資、などを軽々とやっています。彼らは分散投資でリスクを減らしているけれども、その分リターンも減らしていて、**潤沢な資金があるから、とりあえず目減りさせない**というのが、お金持ちのスタイルです。

iDeCoやNISAで税金を節約するような少額投資家は、限られた額で投資するのが関の山。「だからこそ手ごろな投資信託があるではないか」と買っても、**運用**

成績は上がったり下がったりで一喜一憂します。それを見てほくそ笑んでいるのは手数料を稼げる金融機関というのが構図です。

「長期投資」なんかおやめさない

ここで、過去30年ほどの世界の歴史を振り返ってみましょう。

１９９０年代の日本経済のバブル崩壊に始まり、１９９７年韓国がＩＭＦの救済を受けたアジア通貨危機、２０００年のネットバブル崩壊、２００１年のアメリカ同時多発テロ、２００７年のサブプライムローン問題、２００８年のリーマン・ショック、２０１１年の東日本大震災からの原発事故、２０２０年の新型コロナウイルスのパンデミック、２０２２年のウクライナ危機……。

どれ一つとして、誰一人予想できなかったことばかり。最近、このような○○ショックが頻繁に発生しているので、いつの時期も、どのマーケットも、予測のできない不安定な相場が続いています。

参考までに、前述した経済危機に日経平均株価を合わせてみました（左ページ参照）。

日経平均株価の30年を振り返る

■ 日経平均株価の推移(1980〜2022年)

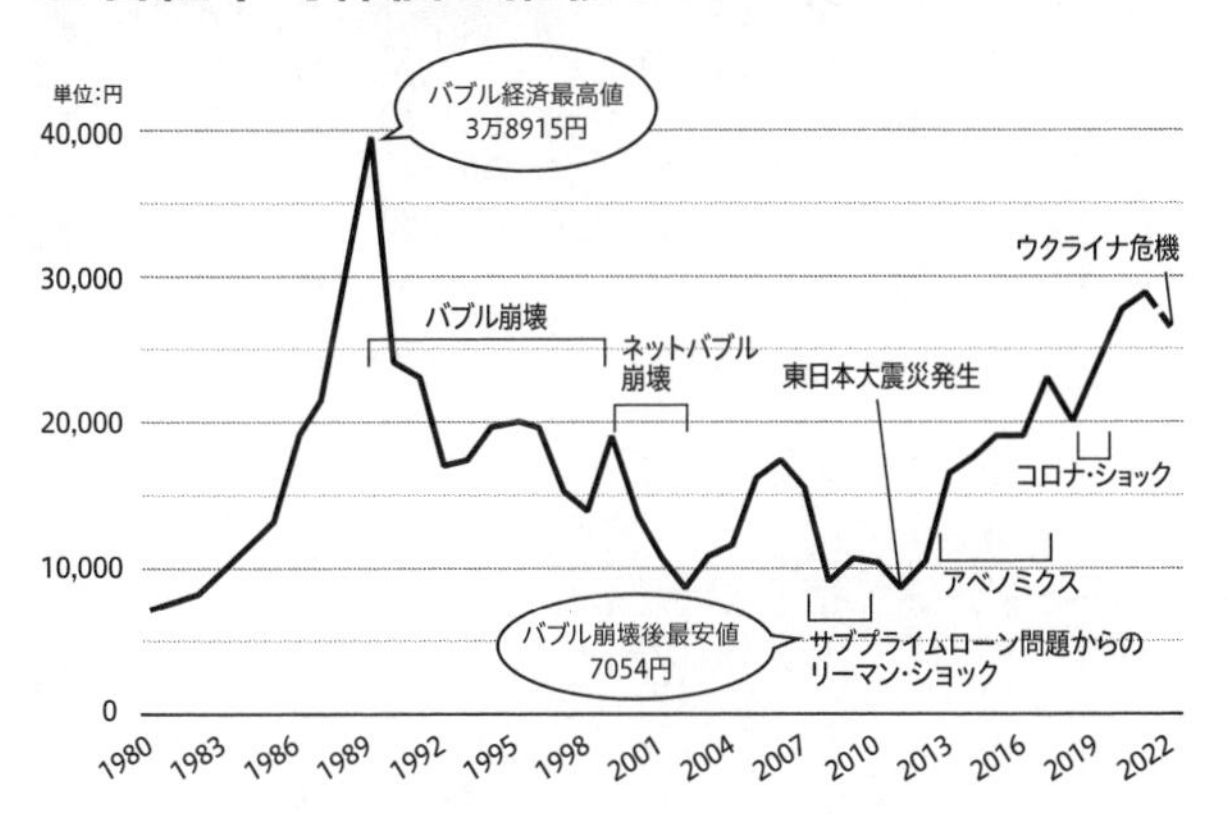

出典:「世界経済のネタ帳」のチャートをもとに編集部が作成

■ 長期投資のポイント

☑ 日本株式は時々暴落をする
(バブルは崩壊する)

☑ どの期間に投資するかで、
運用損益は大きく変わる

☑ この先30年のチャートは誰にもわからない。
自分のお金を投資するに値するか、
よく考えよう

日経平均株価の最高値は１９８９年12月29日の大納会につけた３万８９１５円。夜、飲んで帰るときにタクシーが捕まらないと大騒ぎしたバブル時期です。それからすぐにバブル崩壊すると株価はガックンと下がり、その後は緩やかに右肩下がりで、約20年後の２００９年３月10日、バブル崩壊後の最安値となる７０５４円となりました。株価下落の発端はやはりリーマン・ショックでした。

東日本大震災の発生時は、その後の原発事故の深刻化を受けて、日本株市場は急落。リーマン・ショックから少し盛り返し１万円台になっていた日経平均株価も１万円を割り込み８６００円台に。ひどかったのは為替で、円高基調ではあったものの、10月末に戦後最高値の１ドル75円をつけました。

その後、アベノミクスで日銀が「量的・質的金融緩和」を導入し、日銀が大量に株を買うという先進国では例のないことをして、日経平均株価は不景気にもかかわらず上昇。コロナ・ショックを乗り越え、給料は上がらないのに物価が上がるスタグフレーション懸念、ウクライナ危機の真っ只中の現在は２万７～９０００円前後です。

このように日経平均株価だけをとっても、最高値の３分の１になることもあれば、

4分の3になることもあります。逆に現在は最安値の4倍ほどです。投資はどの時期に買って、どの期間に積み立てて、どの時期に売ったかで損益は大きく変わりますが、**長く持っていれば上がるという保証はどこにもありません。**

ここまで日経平均株価の推移を解説しましたが、これらはすべて過去の話。過去についてはつじつまが合うようにいくらでも説明できますが、問題は未来のこと。現在30歳の人が、iDeCoを利用する60歳までの30年間の動きを誰が予測できるのでしょうか。iDeCoは現状では60歳にならないと引き出せません。この先の株価のチャートの形はどのようになるのでしょうか。次の○○ショックはいつ起きるのでしょうか。それはどんな投資のプロでも雲をつかむような話ではないでしょうか。

ここで、1カ月先の自分と30年先の自分ではどちらが予想しやすいか考えてみましょう。1カ月先の自分は想像できますが、30年先にどうなっているかを予想できる人は皆無なのでは。もしかして、地球温暖化で地球そのものがどうにかなってしまっているかもしれません。

投資も同じでちょっと先を予測することのほうが簡単で、臨機応変に動けますが、

30年先となると、「そんな先のことなんて誰にもわからない」のが正解です。

日本の「運用のプロ」はサラリーマンが多い

「長期投資」がここまでよいという考えが広まったのは、売る側にとって都合がいいからです。「長期投資が基本ですよ」といえば、途中で価格が下がっても**「投資ですから、長い目で見れば元に戻りますから」と言いくるめることができます。投資家はその間、ずっと手数料を払い続けるので、とても優良な顧客です。**

投資信託を運用する「運用のプロ」とは、運用会社にいる〝ファンドマネージャー〟を指します。昔は雑誌のインタビューに顔出し、名前出しで登場していましたが、最近は名前なし、出ても運用部署の名前しか出てきません。

ファンドマネージャーのほとんどは3カ月ごとに運用成果が評価されるので、思考は長期投資ではありません。特に外資系は能力主義なので、成績がよいと法外な報酬をもらえ、逆に成績が悪いと即日クビになると聞きました。日本の運用会社にいるファンドマネジャーはサラリーマンが多いので、成績が悪くてもクビにはならないかもしれませんが、もちろん成績は査定の対象です。そんな、短期決戦の場で投資信託の運用をしている人が10年も、20年も先のことを考えて仕事をしているとは思えません。会社を辞めても投資家へ挨拶もせずに、知らないうちにいなくなっています。

以上のことから、投資は分散や長期投資、運用のプロに任せるから大丈夫とはいえないことを理解していただけたらと思います。

投資は「売買タイミング」を素早く察知することが何よりも大事。あなたが本気で投資で儲けたいなら、時間とお金をかけ、より多くの情報を集め、勝つための努力を必死でしないと成功しないと思います。

生き馬の目を抜くような投資の世界で、**分散、長期投資を信じながら、誰かに選んでもらった投資信託をじっと長い間持っているだけでお金が増えると思うのは、幻想に近いこと**であり、それを夢見るのはやめたほうがよいです。

「インデックスファンド」がいいわけでもない

指数に連動する「インデックスファンド」

投資信託の投資スタイルの一つにインデックス型があります。最近、「投信積立なら「インデックス」とインデックス型がもてはやされているので説明をします。

インデックス型は、指数と連動するように運用をします。日経平均株価とは、日本経済新聞社が東京証券取引所プライム市場上場銘柄から選んだ225銘柄から構成される平均株価のことで、毎日のニュースで報道されるような、日本の株式市場の大きな動きをつかむ代表的な指標です。この日経平均株価と同じ動きをするのが「日経平均インデックスファンド」で、日経平均と同じ225銘柄を投資信託に組み入れることで値動きを連動させます。同様に「TOPIXインデックスファンド」は、東京証券取引所上場全銘柄を対象に算出・公表されているTOPIX（東証株価指数）に値動きを連動させる投資信託です。

株価指数は外国市場にもあります。米国市場にはNYダウ指数やナスダック指数、S&P500指数などがあります。日本以外の先進国の株式では、MSCIコクサイインデックスという株価指数が有名で、このような指数に連動して動く投資信託のことを総称して、「インデックスファンド」といいます。

インデックス型はわかりやすいので、「手数料が安いから安心」「初心者向け」「平均的な動きをする」といわれますが……、**投資に初心者向けも平均点もなく、投資家の指標は「儲かるか」「損するか」のみ**です。

家計のお金が向かった先は「海外インデックス」

政府が「貯蓄から投資へ」の流れを進めています。国民が貯め込んでいる貯蓄を崩し、投資信託を介して日本の株式市場へ投資することで株価を上げ、日本企業を下支えするのが目的の一つです。同様のことをやっているのが日銀で、アベノミクスの「異次元の金融緩和」以来、日銀はずっと日本株式を買い続けています。

ところが、日本の個人マネーが海外株に殺到しているというニュースが2022年6月6日付の日本経済新聞に掲載されました。

報道によると、「国内の投資信託を経由した海外株への投資額は2021年に8兆3000億円となり、日本株への投資額280億円の300倍近くにのぼる。……日興リサーチセンターのデータを基に試算すると、2022年1～4月の日本国内の株式投信による米国への資金流入は約1兆5000億円。これは米国内での米国株投資信託への純流入額約2兆1000億円（モーニングスター・ダイレクトによる）の7割にも達している」そうです。

税制優遇を受けながら海外にお金が流れる「違和感」

つまり、日本の企業は成長が頭打ちで、株価の伸びしろがないと判断した投資家は、iDeCoやNISAで税制優遇を受けながら、海外の「インデックスファンド」を買っているのです。いやはや、「貯蓄から投資へ」を実行した人々の8兆円の行先は、海外の投資信託だなんて、岸田首相が歯ぎしりをしている様子が目に浮かびます。

例えば米国のS&P500指数は、ここ30年、右肩上がりです。コロナ禍の施策でさらにグンと伸びて、なかには資産倍増した人もいるでしょう。しかし、直近では米国市場が下げに転じたため、人気に乗った人たちはいきなり損を抱えてしまいました。**この先も米国に何が起こるかわからず、そのときに機敏に動けるでしょうか。**

米国株投資信託を使った投資の本が売れている、米国人のインテリ系お笑いタレントがいますが、米国は年少のころから投資が身近にある〝狩猟民族〟の地で、彼らは経済の動きにもともと敏感です。しかも運用は自分の国の通貨である米ドル。考え方も通貨も少しずつ違うので、**丸腰の日本人が本と同じことをやっても、どこかでズレていき、やがては軍資金が目減りしてしまう**のではないかと心配です。

「米国に日本の家計のお金が投資され、そのお金で日本の企業が外資に買われる。不動産も買われる。日本株を買っているのは日銀やGPIF。これは愚かなことなのでは……」と、私は唸ってしまいました。

〝タコ配〟で元本が目減りする？「毎月分配型投資信託」

最初から分配金が出るよう設計された投資信託

「定期分配型投信」とは年に4回以上決算を行い、**最初から定期的に分配金が出るように設計された投資信託**です。グロソブに懲りることなく（60ページ参照）、今も根強い人気のある「毎月分配型投資信託」は1カ月ごとに決算を行い、毎月分配金が出るタイプで、基準価額の1口に対し20円、30円、40円などと分配金が出ます。「毎月分配型」と「毎月決算型」はイコールで、投資信託の名前の中に入っています。

耳当たりのよい売り文句は、「運用しながら、毎月お小遣いがもらえるようなもの」「分配金をもらうことで元本を回収し、その分リスクが減る」「売り上げランキングの常連」など、とてもよさそうな投資信託に聞こえます。

元本から分配金を出す

投資は値動きのある金融商品で運用するので、儲かったり、損したりして一喜一憂します。しかし毎月分配型は、運用成績がよくても悪くても分配金が出るので、儲かっている気分になります。しかし、それは大きな勘違い。分配金は預金の利息とは性質がまったく異なり、**利益が出ない場合は元本から捻出される仕組み**です（81ページ参照）。

分配金のことを金融業界では〝タコ足配当〟や〝タコ配〟と呼んでいます。これは、タコはエサがないと自分の足を食べることから、実際には配当に必要な利益が出ていないのにもかかわらず、無理に配当を行うことをいいます。

分配することで基準価額が下がる

投資でお金を増やしたければ、運用して得た利益は再投資をし、さらに増やしていく考えが基本のキです。けれども毎月分配型は先に分配金をもらうので元本が減り、運用効率が下がります。また、**分配金が定期的に支払われるとその分の純資産残高が減るため、基準価額は下がります。**元本を注入し続けなければ基準価額は下がる一方なので、下がるのが目立たないように（急激に下がらないように）、販売会社は毎月、頑張って購入を勧めるわけです。

つまり、この手の商品はいくら投資しても分配してしまうので、いざ、売却するときに基準価額が購入時よりも下がっているケースが多く、毎月、分配金をもらっていたけれど、売却時に元本が半分になっていた……という状況が大いにありえます。

また、毎月分配型は仕組みが複雑で、毎月分配するにも経費がかかることから、信託報酬（手数料）は高めです。

結論として、毎月分配型は分配金を先にもらうことで運用効果が下がり、保有するにも手数料がかかり、さらに税金も毎月払い続けていくので、**自らお金を増やすことを放棄しているような投資信託**です。もし、銀行や証券会社で「毎月分配型」をすすめられたら、〝タコ配〟とつぶやいて席を立ちましょう。

利息と分配金の違い

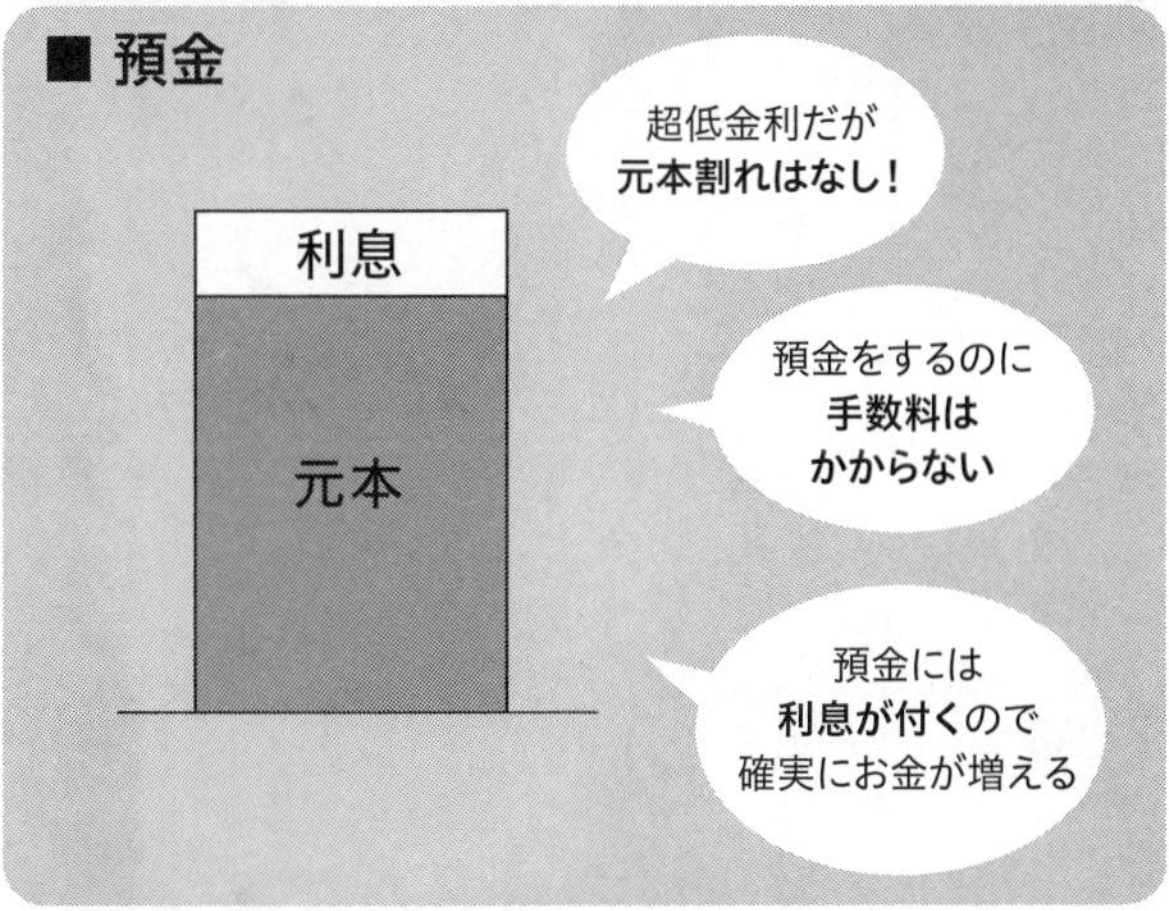

■ 預金

超低金利だが**元本割れはなし！**

利息

元本

預金をするのに**手数料はかからない**

預金には**利息が付く**ので確実にお金が増える

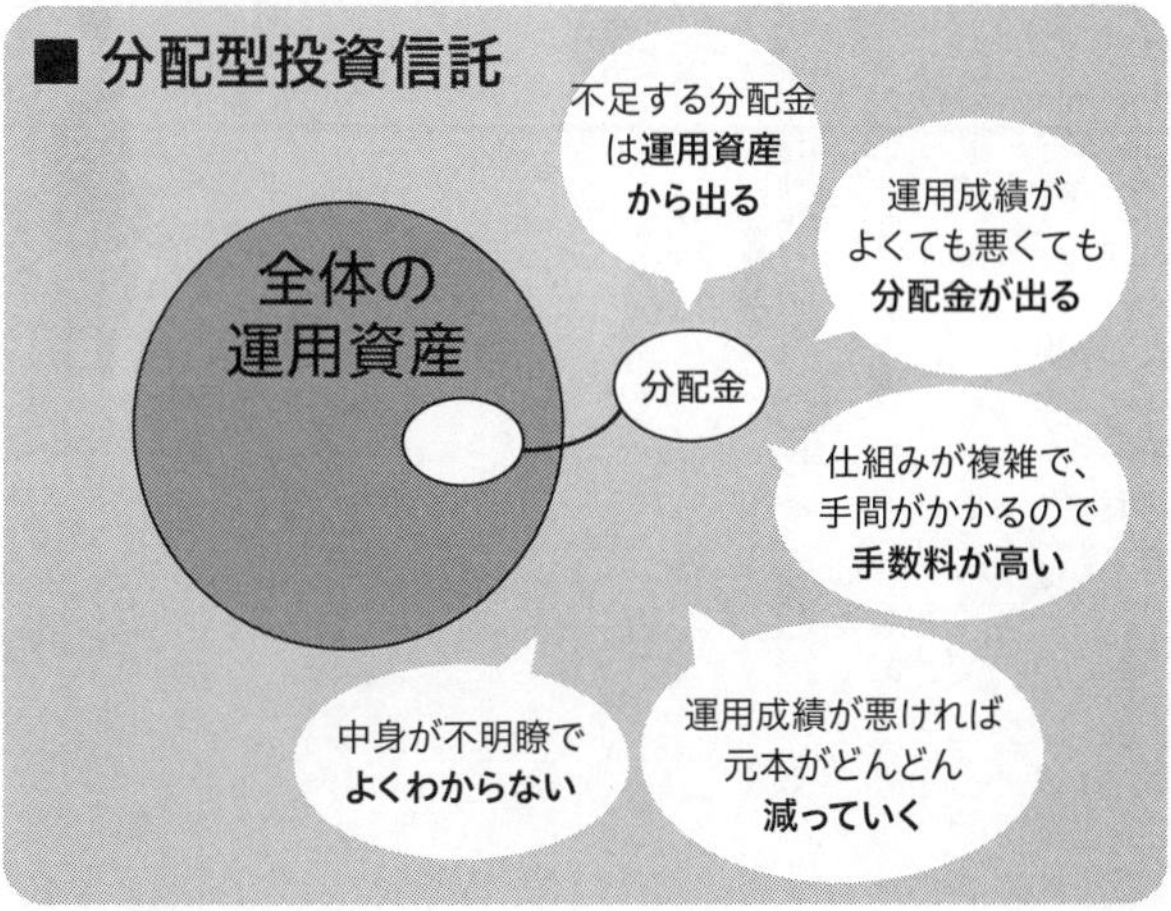

■ 分配型投資信託

不足する分配金は**運用資産から出る**

運用成績がよくても悪くても**分配金が出る**

全体の運用資産

分配金

仕組みが複雑で、手間がかかるので**手数料が高い**

中身が不明瞭で**よくわからない**

運用成績が悪ければ元本がどんどん**減っていく**

年齢にムリクリ合せて運用「ターゲットイヤーファンド」

カッコイイ名前に騙されるな！

４０１ｋやｉＤｅＣｏで「ターゲットイヤーファンド」を選んでいる人が多いので、その中身を見てみましょう。

ターゲットイヤーファンドとは、国内外の株式や債券を組み合わせて運用するバランス型の投資信託です。耳当たりのよい売り文句は、「年齢を重ねるにつれリスクを小さくする投資のセオリーを商品化した投資信託」「30代は損をしても取り戻せるチャンスが十分にあるので株式で積極的に運用し、40代は株式と債券を半分ずつにしてリスクを抑え、50代は大きく損しないよう債券中心にシフトという理想的な運用をしながら定年(ターゲットイヤー)を迎える」など。

つまり、投資家の年齢に合わせ、徐々に債券が多くなる資産配分変更を運用会社が勝手にやってくれます。投資信託には「ターゲットイヤー2045」「ターゲットイヤー2050」などカッコイイ名前がついていて、最後の数字は西暦を表し、自分が定年を迎える60歳くらいの西暦に近いものを選ぶことになっています。

自己チューな考え方で投資が成功するわけがない

そもそもこの投資信託は、定年までの数十年間と期間を限定していることから間違っています。また、年齢が進むにつれリスクを小さくしなければならないなんて誰が決めたのでしょうか。

これからの時代はできる限り長く働いて収入を得たほうがよいのですが、途中で転職や失業も大いに考えられます。それなのに運用だけは理想的な年功序列の資産配分を続けるというのは無理があります。しかも、相場環境が自分の年齢に合わせて動くという「世界は自分中心に回っている」という自己中心的な考え方で、投資がうまくいくわけがありません。さらに、ターゲットイヤーファンドの中身はバランス型投資信託なので、信託報酬が他の商品に比べて高めです。

「年齢別」「初心者向け」などの投資信託はない

投資は儲けるためにやるもので、損が怖いのならやらないほうがいい。投資に年齢や性別は関係なく、ベテランも初心者も効率的に儲けたいのは同じです。「年齢別」「初心者向け」「高齢者向け」など運用者のタイプ別商品など、本来は存在しません。それなのにターゲットイヤーファンドを使えば年齢に合わせた運用が自動的にできるとは、投資信託を売りやすくするためのセールストークではないかとさえ思います。

この投資信託を利用するくらいなら、その時々の状況に合わせて自分で株式と債券と預金で調整したほうがよいです。高い手数料を払ってまで自動調整してもらう価値はなく、自分で自分なりの投資比率にしたほうが、よほど納得がいく投資ができるでしょう。

「あなたにピッタリ」な投資信託はない

■ ターゲットイヤーファンドのイメージ

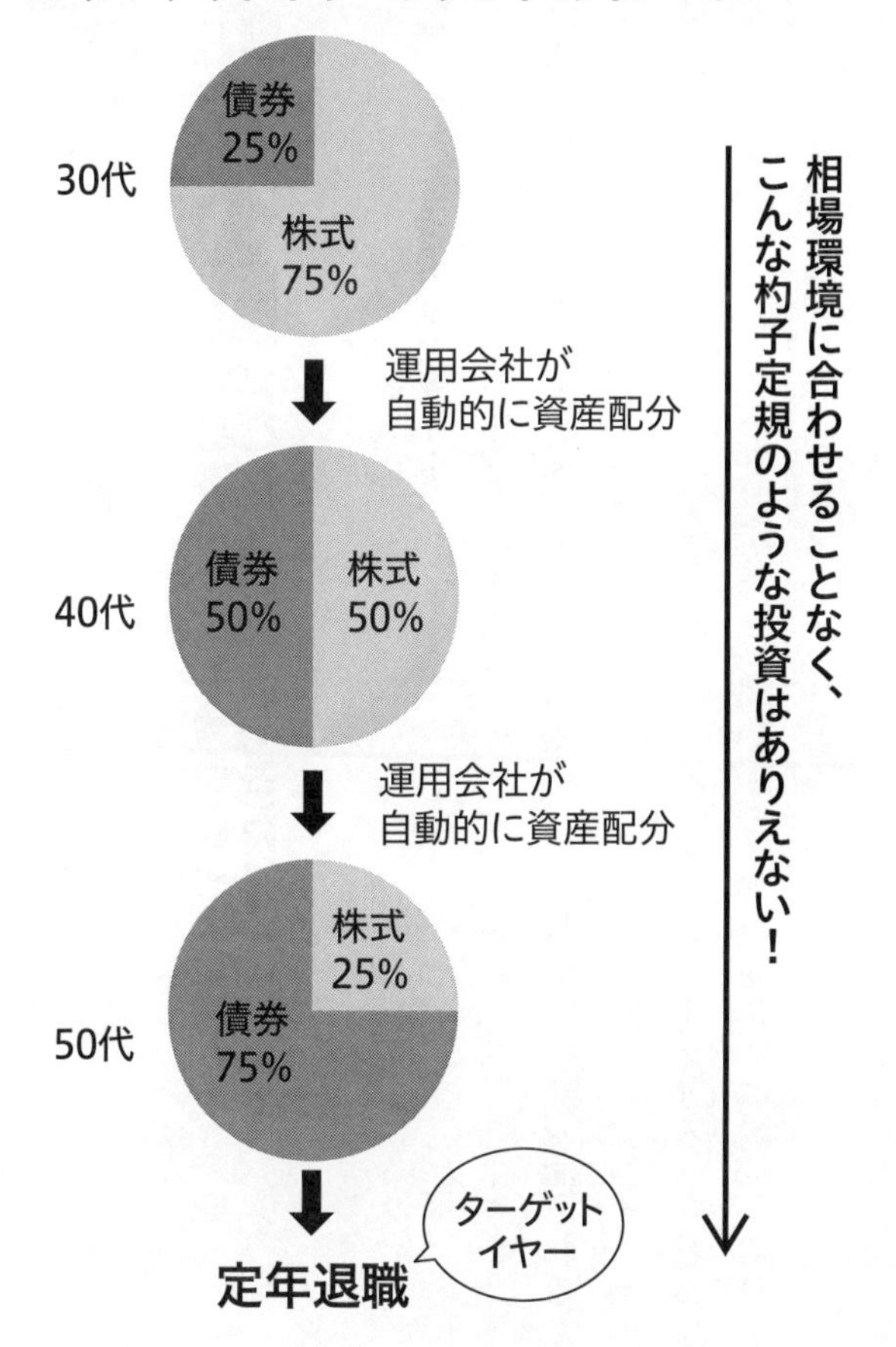

中身が謎だらけの「リート（不動産投資信託）」

毎月の家賃が分配されるリート

マンション、オフィス、商業施設など不動産に投資する投資信託を「リート」（不動産投資信託）といいます。米国で生まれた仕組みで、「REIT」と表記されることもあります。

リートは投資家から集めたお金で不動産を買い、マンション、オフィス、商業施設などを購入。そこで得られた収入を投資家に分配します。都市開発では最初からリート物件としてお金を集めてビルを建てる、という手法もあります。

リートの収入は2種類あり、99％の収入はビルの店子やテナントからの家賃収入です。安定した店子がいることで投資家は決まった額の分配金を得ることができます。売り文句は「景気が多少変動しても急に入居者がいなくなるわけではないので、投資家は定期的に分配金がもらえる」です。

残り1％の収入は組み入れ不動産の売却益で、ファンドマネージャーの判断で不動産を売却しています。不動産の価格は賃貸収入とは逆で景気の影響を色濃く受け、景気がよくなれば不動産価格も上がり、景気が悪くなれば下がるという性質があります。現在の不動産価格はというと、景気上昇を伴わない価格上昇といったところで、先の読めない動きになっています。

人気リートの中身をチェック

ここで人気のリートの中身を見てみましょう。「ニッセイJ-REITファンド（毎月決算型）」は、日本の不動産に投資している上場投資信託（ETF）を複数組み入れた投資信託です。つまり、数本の投資信託を集めて、1本の投資信託にするという「ファンド オブ ファンズ」の仕組みです。組み入れ銘柄は日本ビルファンド投資法人、大和ハウスリート投資法人、オリックス不動産投資法人、野村不動産マスターファンド投資法人など。投資信託を集めた投資信託なので、組み入れ物件が不明です。

また、日本の不動産の場合、長期的には人口減少、建物の老朽化、空室や空き家の増加など、懸念すべきことは多々あります。もちろん、**空室になると家賃収入がないので、リートの分配金はもちろん、基準価額も下がっていくでしょう。**

「ダイワ・US-REIT・オープン（毎月決算型）Bコース（為替ヘッジなし）」は、郵便局でいつもランクインしているリートです。米国の上場投資信託を複数組み入れた投資信託で、組み入れ銘柄はパブリック・ストレージやデューク・リアルティーなど聞いたことのない投資法人。こちらは産業施設17%、集合住宅に13%投資すると、その比率まではわかりましたが、あとは謎。また、為替ヘッジなしとは、このリートは円を両替してドルで購入することになり、**投資信託の価格の上げ下げに加え、為替レートの上げ下げの影響も受けるので、ダブルのリスク・リターン**があります。

米国は日本より旺盛な不動産需要があるといわれていますが、一個人が投資信託を使って米国の不動産に投資するには情報があまりにも少ないと感じます。

不動産の情報は株式や債券よりも得にくい

もしリートに投資したいなら、一度、月次リポートを読んでみてください。レポートは販売する銀行や証券会社、運用会社のWEBサイトにあります。レポートでは値動きのチャートや分配金の額はわかりますが、どんな組み入れ内容かはさっぱり理解できないことが、わかっていただけると思います。

リートの売り文句は、「数万円でビルオーナー気分が味わえ、家賃収入代わりの分配金がもらえる」「日本にいながらにして、世界中の不動産に投資できる」ですが、不動産は株式や債券の動向以上に情報を得にくいものです。分配金をもらっていい気になっているうちに、ビルは老朽化し、店子がいなくなり、基準価額が下がっていくことも十分にありえます。しかし、その状態をリアルに知ることはできません。

私がリートに不信感を持っているのは、リートが出始めたころに、ある大手不動産会社の重役がこっそり内緒で、「うちはまだ不動産のゴミ箱はいらない」といったから。スタート当時は売れない物件の多くがリートに組み入れられていました。現在はそうではないことを祈ります。

まだまだある！買ってはいけない投資信託

まだまだある！　買うと一生バカを見る投資信託

昨今、金融業界では投資信託がもてはやされていますが、中身をよく見てみると、サンドウィッチマンのギャグではないですが、「ちょっと何をいっているのかよくわからない」ものばかり……。買うと一生バカを見る投資信託かもしれません。

【アクティブ型ファンド】（投資スタイル）

74ページでインデックスファンドの説明をしましたが、その対抗としての運用スタイルが「アクティブ型ファンド」です。

アクティブ型は指標を上回る成績を残すことを目的にしています。例えば日本株式なら日経平均株価が下がっているならそれより下がる率を抑え、上がっているならそれ以上の上昇を目指します。ファンドマネージャーが指標よりよい成績を上げるために市場や銘柄を分析し、具体的な運用方針を立て、それに乗っ取って売買を行います。

そう説明を受けると、アクティブ型は素晴らしい投資信託に聞こえますが、**運用が上手くいくかどうかはファンドマネージャーの腕次第。運用のプロとはいえ、よい成績を出すことが保証されているわけではありません。**

パンフレットからはアクティブ型のやる気や意気込みが感じられますが、意気込みだけでは勝てないのが投資の世界。また、指標の上を目指すため特別にプロに頼むので、信託報酬は高めです。

【ブル型・ベア型ファンド】（投資スタイル）

私の知人が初めて買った投資信託が「楽天日本株４・３倍ブル」で、思わずのけぞりました。「どうせ投資するなら儲けたい。この投資信託を買ったら４・３倍上がるのかな？」と素直に思ったそうです。4・3倍の意味は「日々の基準価額の値動きが、わが国の株式市場全体の日々の値動きの概ね4・3倍程度を目指す」と表記されていますが……。

ブル・ベアとは、相場の強気・弱気を示す言葉です。ブルは強気のことで、牛が角を下から上へ突き上げる仕草から相場が上昇していることを表します。ベアは弱気のことで、熊が前足を振り下ろす仕草から相場が下落していることを表します。

「ブル型・ベア型ファンド」は、ブル型は相場が上昇しているとき、ベア型は相場が下落しているときに利益が出るように、ファンドマネージャーが先物取引や信用取引を使って成績を上げようと頑張るものです。

先物取引や信用取引は少額の証拠金で、その何倍もの取引を行います。それを**「レバレッジが利く」**といい、テコを使うように小さな力で大きな物を動かすことができる**「テコの原理」**の説明を受けることがあります。一見、よい手法に聞こえますが、**「テコの原理」は損失にも表れます。**この手法をブル型・ベア型は使うので、まさにハイリスク・ハイリターン。チャートを見るとにかく値動きが激しい投資信託なのがわかります。そういう意味では、ブル型・ベア型はギャンブル性が強い投資信託です。知人の現在の状況ですが、今売ると購入金額のマイナス60％なので、売るに売れない状況だそうです。

【新興国株式ファンド】（投資地域）

「新興国」というと聞こえはよいですが、言い換えれば「発展途上国」「開発途上国」のこと。ゴールドマン・サックス証券が2000年以降に経済発展を遂げた国として挙げたブラジル、ロシア、インド、中国に、現在は南アフリカを加えた5つの新興国にある会社の株式に投資するのが「BRICS（ブリックス）株式ファンド」です。

新興国は他にもあります。ベトナム、韓国、インドネシア、フィリピン、バングラデシュ、パキスタン、イラン、エジプト、トルコ、ナイジェリア、メキシコと、経済が危なっかしい国の株式をパッケージにしたものが「NEXT11株式ファンド」です。

経済に伸びしろがある、国の成長に投資するといえば耳当たりはよいですが、それは**大きなリスクの裏返し**です。株価指標はMSCIエマージング・マーケット・インデックスというものがあり、中国、韓国、台湾、インド、ブラジルの株式で全体の70%を構成し、中でも中国が30%を占めており、新興国株式ファンドはこの指標より成績が上か、下かで判断します。

新興国は政治も経済も不安定で、この先の動きを予想するのは難しく、何が起こるかわからない怖さがあります。**紛争や破綻が突然起こり、一気に値下がりする**ことも過去にはありました。そもそも新興国の情報は少なく、例えばバングラデシュの株式会社に投資するといってもよくわからないのでは。

新興国株式ファンドを買うのは**ギャンブルをするのと同じ**と理解しましょう。

【ハイ・イールド・ファンド】（投資対象）

「ハイ・イールド・ファンド」とは格付けが低い債券に投資し、高い利回りを得る投資信託のこと。投資する債券の格付けは「CCC」「CC」「C」「D」などで破綻スレスレ、格付けが低いかわりに利回りがよいのが特徴です。こんな危なっかしいもの買う人がいるの？　と思うことなかれ、パンフレットやWEBサイトではやたら**「高**

利回り」を強調し、定期的に分配金も出ているので、いつも人気ランキングの常連です。

先進国は国債の格付けがほんの少し下がっただけでも大騒ぎになります。発展途上国の国債や社債は上がるものばかりではなく、下手をすれば紙切れになる可能性も。

高利回りに飛びつく前に、なぜこんなに高い利回りがつくのかを考えてみましょう。

【バランス型ファンド】（投資対象）

「バランス型ファンド」とは1本の投資信託で、国内株式、先進国株式、新興国株式、国内債券、先進国債券、新興国債券、国内リート、海外リート（いわゆるこれが8資産）に、ほぼ均等に投資します。どれかが儲かって比率が高くなると、自動的に比率の高いものの利益を確定することで比率を下げ、いつも均等にバランスをとるという機能がついています。

複数の資産で運用しているため値動きの幅が小さいことから、「バランスがよい」「初心者向き」という売り文句がありますが、そもそも**投資にバランスを求めてはいけな**

いし、何度も書いているように**初心者向きの投資信託などありません。**

また、世界中の金融商品が1本の投資信託に入っていることはメリットではなくデメリットにもなります。なぜなら投資は儲けなければ意味がないのに、**バランスを求めるあまりにチャンスを逃し、儲かりにくくしている可能性があるから**です。さらに、バランスよく投資をするためには経費がかかるので、信託報酬は高めです。

【テーマ型ファンド】（投資対象）

「テーマ型ファンド」とは、特定のテーマに合った企業や業種の株式を集めて投資するもの。最近のテーマは、カーボンニュートラル、AI、サイバーセキュリティ、フィンテック、DXなど。世界中を見渡して、その業界で目立った動きをしている会社の株式を組み入れます。「トヨタグループ株式ファンド」というトヨタグループ企業を集めて1本にしたものや、「SBIポストコロナファンド」なんてものもあります。

しかし、組み入れられる株式は**すでに高騰していること**が多く、**流行りが終わると価格が一気に下がる**ことも。注目されるテーマは移り変わっていくので、旬の期間が短いことを忘れずに。

【コモディティファンド】（投資対象）

「コモディティ」とは商品のことを指します。原油やガソリン、天然ガスなどのエネルギー、金やプラチナなどの貴金属、トウモロコシや大豆、砂糖、コーヒーなどの食物といったような商品は、先物取引市場で売買されています。商品の動きを指数化したものに連動するように作られたのが、「コモディティファンド」です。売り文句は「個人では手を出しにくい商品取引でも、投資信託なら投資できる」など。

しかし、値動きが激しく、**一か八か勝負するような商品先物取引に素人が手を出してはいけない**のは、先人からの教えです。このファンドもしかりで、情報はほとんどないのが現実。ウクライナ危機による世界的な食糧難やエネルギー不足を見据えて、ジム・ロジャーズなど世界の富豪たちが農業ファンドや資源ファンドで色めきだっていますが、素人が手を出すと火傷をするかもしれません。

また、商品先物取引は必ず儲かるという詐欺まがいの勧誘があるので要注意です。

投資信託のことを銀行や証券会社に聞いてはいけない

銀行や証券会社の無料セミナーに参加してはいけない

本章では、買うと一生バカを見る具体的な投資信託を紹介してきました。最後に、金融機関が投資信託を買わせるための〝ワナ〟を教えましょう。

日本ではお金のことを学ぶ機会が少なく、投資教育がないまま「一億総株主」を作り出そうとしています。投資でわからないことがあっても相談相手がいません。そこで手っ取り早い方法として、銀行や証券会社の資産運用セミナーや無料相談に行ってしまいがち。ネットでも同様で、パソコンで無料セミナーを気軽に受けられる機会が増えています。しかし、そこに〝ワナ〟が仕掛けられているのです。

金融機関のセミナーがなぜ無料なのかというと、**その先に投資信託の販売があるからです。**無料セミナーは顧客を店舗あるいはパソコンの前に呼び寄せ、**投資信託を直接セールスできる絶好のチャンス。**そのセミナーに参加するには、名前と住所、投資の経験、ある程度の嗜好やプロフィールを申告するので、「教育資金」「老後資金」「資産運用」など、それぞれに合わせた営業トークができます。

金融機関のセールスマンは、表向きは信頼できるイメージでしょうが、中の人には獲物を狙う肉食動物もいます。無料だからといってセミナーに参加することは、〝カモ〟がネギを背負って鍋に飛び込むようなもの。投資信託がどれほど素晴らしい商品かの説明を受け、**買う方向に誘導**されてしまうかもしれません。

〝ワナ〟にひっかかるのを避けるためには、セミナーなどに行かないこと。投資の世界も、「タダより高いものはない」と心得てください。

会社で行われる投資教育も眉唾もの

401kの普及で、会社で定期的に資産運用の研修が行われています。集合研修やパンフレットで済ませる形だけのものから、希望者には運用のプロに相談できる会社までさまざま。研修の講師はおそらく４０１ｋの運用を管理する金融機関の息のかかった講師（ファイナンシャルプランナー）ではないでしょうか。そこで学ぶ投資教育は、**金融機関に都合のいいもの**ではないでしょうか。

もしそうだとしたら、**具体的な商品紹介があるのならそれを鵜呑みにしない**ようにしましょう。可能ならば運用管理会社以外で、公平な意見を持つ外部講師を招くよう会社に要望するとよいでしょう。

保険販売員も投資信託を売っているので要注意

生命保険代理店の販売員が金融商品仲介業の免許をとり、保険に加え、投資信託を販売することも目立つようになってきました。顧客に総合的なコンサルティングを行うには保険のみでは解決できないというのは表向きな理由で、生命保険の新規販売は頭打ちなことから、投資信託の取り扱いで営業の幅を広げ、**積立型保険や年金保険の代わりに投信積立を勧めている**ようです。

彼らは銀行や証券会社の代わりに投資信託を売って、証券会社から手数料をもらっています。**売るなら手数料の高い投資信託を売りたくなるのは当然**です。

投資の勉強は新聞を読み、独学が基本

２０２２年から高校の新学習指導要領に金融教育が組み込まれました。金融庁の職員が出張授業をし、家庭科の先生向けの研修活動を行っているそうです。金融機関からも講師が派遣されています。売り手に都合のよい教育にならないかとても心配です。

投資は自己責任。投資の勉強は新聞を読み、自分で考える独学がベストです。どうしても投資をしてみたいなら、投資信託ではなく、自分の判断で株式を1銘柄買ってみることをオススメします。投資信託で運用を人任せにするより、株式投資のほうがよほど市場のリスクの勉強になります。

自分なりのものさしができるまでは、投資信託で投資をするのはやめましょう。

第二部

家計を制する者は人生を制す

マイホーム・保険・収入アップ・現金

✕マイホーム

不動産は資産にならない。家を持たない選択もアリ

不動産にはリスクがいっぱい・危険ワード

「資産価値」「サラリーマン大家さん」「不動産の老朽化」
「頭金なし100%ローン」「家賃より安い」「退職金で完済」「35年ローン」
「変動金利の5年ルールと125%ルール」「団信の上乗せ保険」

家を持つこと自体がリスクになるかもしれない時代

家は焦って買わなくてもよい

家を買うか買わないかの判断は、どうしていますか。自分の城としての家が欲しい人や、ペットと自由に暮らしたい人は買ってもよい。しかし、購入を迷っているのなら、無理に買う必要はありません。老後は仕事の縛りがなくなるので、両親と一緒に暮らすかもしれないし（税金の特例が使える場合がある。125ページ参照）、どこか地方に住み替えるかもしれません。また、高齢になると高齢者住宅や老人ホームに入居する選択肢もあります。

ところが、家を購入してしまうと住む場所が固定されてしまうので、**身軽でいられなくなってしまいます。**

家を買い、何かあった場合には売ろうと思っても、新築で買うと**1日住んだだけでも中古物件**になります。新築を3000万円で買ってすぐに売ったとしたら、立地にもよりますが、**価格はおおよそ4割程度落ちる**といわれているので、1800万円くらいでしか売れないと思ったほうがいいでしょう。中古となった家を売ってもローンだけが残るという事態になりかねません。

家は耐久消費財

「家は資産になる」といまだに思っている人がいますが、**現代の家は資産どころか〝お荷物〟になる可能性が高い**のです。国土交通省のデータによると、築30年以上のマンションが約２５０万戸（２０２１年末時点）あり、その10年後の２０３１年には約４２５万戸に増えると予想されています。

マンションは築40〜50年になると、壁が落ちたリ、鉄筋が爆裂するなど、老朽化の弊害が出てくるので売り物にならないケースが多い。ならば建て替えたいと思っても、住人の経済状況がまちまちで、資金的にかなりハードルが高く困難です。特に老朽化しやすいマンションは、資産ではなく、冷蔵庫やテレビなどと同じ耐久消費財と考えたほうがよいでしょう。

例えば、20万円で買った冷蔵庫を10年使うと、1年でかかるコストは2万円。あなたのマンションも同様に計算してみましょう。テレビや冷蔵庫は古くなったものはお金を出して自治体や専門業者に捨ててもらうシステムですが、そのうちマンションもお金を出して誰かに引き取ってもらうような時代になってくると思います。

不動産にとって「老朽化」は大きなリスク

住宅情報誌などでは、家の「資産価値」が重要視されていますが、投資目的で不動産を購入するのはやめてください。

最近、「サラリーマン大家さん」という投資の方法が注目を浴びました。サラリーマンがローンを組んで賃貸物件を買い、家賃収入という不労所得を得るというものですが、銀行から多額の資金を借りて購入しても、うまく運用できずにローンを返済できなくなるケースがニュースになっています。不動産投資は**「空室になる」「老朽化する」という他の金融資産にはない大きなリスク**があるので、素人が手を出すのはやめたほうがよいです。

日本はほとんど地価が上がらず、人口もこれから減っていくのは周知の事実。2025年には本格的に東京都も人口が減っていくモードになるという都の予想もあり、しかも、コロナ禍でリモートワークが可能になった会社も増えています。

この先、バブル時代のように不動産価格が右肩上がりで上がる時代がやってくることはなく、ますます**不動産余りの状態**になってきています。

家が欲しい人は築浅の中古物件が吉

マンションの寿命を考えて割安かどうかの判断を

「家を持てば家賃を払わずに済むから老後も安心」と考える人は、**「家は資産にはならない時代だ」と認識したうえで物件を選び**ましょう。

限定的で狭い範囲のみ（東京なら山手線内のエリアのみ）不動産価格は下がらないかもしれませんが、それ以外の地域の不動産は下がる可能性が高いです。前述した通り、３０００万円の新築物件が１日住んだだけで中古となり１８００万円になるのなら、最初から１８００万円の中古を選びましょう。１８００万円の中古物件なら、多少価格が落ちても新築ほどの大きな下落幅にはなりません。

築25年の中古マンションが2000万円で売りに出ていて、「安い！」と思ったとしても、よく考えてください。マンションの寿命を40年と考えたときに、築25年だとあと15年。15年暮らすのに2000万円払うとすると、年間約133万円、月に約11万円の負担となり、**「それほど安くない」**と判断できるはず。マンションの寿命を40年と考えると、築20年ならあと20年、築30年ならあと10年住めると考えて年間いくら払うことになるのかを計算してみましょう。実際にはマンションの寿命は40年以上あると思いますが、築年数が経つほど修繕も必要になるため、ここは計算上の寿命として40年を使いました。

そう考えると、買うなら築浅で割安になって出てきた中古物件がいちばんよいでしょう。しかし新築後、短期間で売りに出されるマンションは何か別な問題があるのかもしれないので、そこは要注意です。

隣人トラブルなどを回避する手土産作戦

マンションで困るのは、**同じ屋根の下に隣近所がある**ということ。隣に変な人、生理的に合わない人が住むリスクもあります。私の知り合いに、マンションの隣に毎日夜12時過ぎに壁に頭を打ちつける人が住んでおり、結局、損をするにもかかわらず、売却した人がいます。新築は隣に誰が入るのかわからないので、**ルーレットに参加するようなもの**と思ってください。

中古ならすでに住人がいるので、手土産を4つ用意し、「ここを買いたいと思っているのですが、住みやすさはどうですか」と、両隣と上下階の住人にリサーチにいくとよいでしょう。手土産一つ1000円としても4000円のコストで、どんな人が住んでいるのか、雰囲気はどうか、おおよそのことがわかるなら安いものです。さらに近所の人から評判を聞いて、その物件を買わない選択もできます。

リモートでどこに住んでもいい時代。焦って買う必要はない

総務省の発表によると、2022年1月1日現在の日本人の人口は約1億2322万人で、昨年より約62万人減っています。規模でいうと人口約65・7万人の島根県分の人口が1年で減っている計算になります。

これからは一人っ子と一人っ子が結婚すると家が1軒余る状態になります。2018年の空き家率は13・6％。すでに**7件に1件が空き家**という状態です。野村総合研究所の調査では、2033年には空き家率が30・2％になるという予測が出ています。

Yahoo!ジャパンはコロナ禍を経て、2022年4月から社員約8000人に対する人事制度「どこでもオフィス」を拡充しました。通勤手段の制限を緩和し、飛行機や高速バスでの出社を認め、居住地を全国に拡大。通常は出社せずにリモートで働き、出社するなら月に15万円まで交通費が出るので、地方に住んで飛行機で出社することも可能です。また、NTTも2022年7月から日本全国どこからでもリモートワークで働けるようになり、転勤や単身赴任を伴わない働き方を拡大しました。

このような会社が増えてくるにつれ、多額の**住宅ローンを借りて都心や都市部に家を持つ意味がなくなってきます。**実際、地方に移住して東京の会社の仕事をリモートで行う人も徐々に増えています。

家が欲しいと考えている人も、今は時流が変わる時期なので、焦って家を買わずに、しばらくは**賃貸のままで様子を見る**のがいいでしょう。

頭金のない人は家を買ってはいけない！

離婚したら借金だけが残るリスク

今は銀行が貸してくれるので、頭金なし100%ローンで家を買った人も多く見かけますが、原則として、**頭金のない人は家を買ってはいけません。**

意外なリスクは、離婚です。結婚したばかりでマンションを買っても、数年経って別れることになったら、マンションを売らなければならない事態に。もし、残りのローンが2500万円のとき、マンションが2000万円でしか売れなかったら、500万円のローンだけが残ることになります。ある程度頭金を入れておけば、ローンだけが残る事態を防げるのです。

家を買うならある程度の頭金を貯めてから買いましょう。

家賃=住宅ローンでは比較できない

不動産会社は、「あなたの給料ならば頭金なしでもこの家が買えます。住宅ローンは月10万円ですから、家賃より安いのでは。イザとなったら売ればよいのですから」と無責任にいいます。しかし、賃貸なら備え付けのエアコンや給湯器、トイレなどの設備機器の費用も全部家賃に入っており、もしそれらが壊れたら大家さんが修理代を出してくれます。

ところが、自分で購入した物件は、設備機器を全部自分で付けなくてはなりません。お風呂が壊れたら大きな出費になるでしょう。さらに安くはない固定資産税も毎年納めることになります。そのようなことを考慮せずに家賃と住宅ローンの金額を単純に比較することはできません。

賃貸なら近隣トラブルが起きたら引っ越せばいいのですが、買ってしまったら簡単には売ることができません。転職やリストラで収入が減った場合も、賃貸なら安いところに住み替えられますが、住宅ローンがあるとなかなか住み替えは難しくなります。**毎月10万円の負担でも、家賃と住宅ローンは同じではない**のです。

100万円残し、あとは全部頭金にする

公務員として働き続け、60歳まで安泰という人は頭金なしの100%ローンを組んでもよいですが、人生山あり谷ありいろいろある時代、この先どんな仕事に就くのかも変わっていくはず。頭金をできる限り多く入れ、ローン負担を軽くすることがリスク回避になります。

以前は**「頭金は物件価格の2割」**が定説でしたが、多いぶんには悪いことはありません。**10割あれば10割がベスト。**今は低金利なので、銀行に置いてもあまりお金は増えません。それならばイザというときのために100万円の現金を手元に残し、残りはすべて頭金に入れたほうが、その分の住宅ローンの金利を払わずに済みます。

払える金額の中でベストな物件を選ぶ

家を買うときは、お金の計算をする前に物件を見に行ってはいけません。なぜなら、それが無理な返済プランを立ててしまう入り口となるからです。

物件を見るより先に、自分が買える物件価格を試算しましょう。例えば、①頭金の額、②無理なく返せる住宅ローン額、という二つの金額を計算します。①が500万円、②が3000万円なら、3500万円までの物件しか見に行ってはいけません。3500万円の価格帯のマンションをとことん見倒して、その中でいちばんよいものに決めること。**それ以外の価格帯の物件は決して見ない**でください。

しかし、残念ながら多くの人が4000万円、5000万円の物件を先に見てしまい、それが買いたくなって無理な返済プランを立ててしまうのです。

無理矢理住宅ローンを組むと、すぐに家計に無理が出てくる未来が目に見えるようです。あとで後悔しないためにも、背伸びをしてローンを組み、家を買うのはやめてください。

住宅ローンがある人は一番に返済する

銀行が貸してくれるのは退職金目当てだから

現在、住宅ローンを抱えている人は、一刻も早く完済して身軽になりましょう。住宅ローンは「借金」ですから、いくら低金利といっても金利が発生します。35歳で返済期間35年の住宅ローンを組むと70歳まで払うことになり、中には銀行が貸してくれたからと、80歳までローンを組んでいる人もいます。

しかし、30年ローン、35年ローンを組み、70代、80代まで住宅ローンを払いながら年金生活をするのは非現実的です。銀行が定年後までのローンを承認しているのは、**退職金での完済を前提にしているから**です。

繰り上げ返済は投資より有効な手段

仮に65歳時点で残債が1000万円あったら退職金で返済すればよいのですが、手元のお金が1000万円減ります。大切な老後資金を減らしたくないなら、会社を辞めるまでにローンを返しておかないといけません。そのためには**繰り上げ返済は必須**です。

例えば、借入金額3000万円、金利2％で返済期間35年の住宅ローンを借りて、6年後に繰り上げ返済を96万円すると利息が約73万円減り、借入期間も1年5カ月短くなります。約100万円払って約73万円が確実に儲かる投資はないので、繰り上げ返済はかなり有効な手段です。

ここで留意すべきことは、繰り上げ返済は、返済期間が同じで毎月の返済額が減る**返済額軽減型ではなく、返済額は同じで返済期間が短くなる期間短縮型を選ぶこと。**効率よく返して早く終わらせることが大事です。

繰り上げ返済によって残債が減ると、**住宅ローン減税の還付金**が減るという人がいますが、還付金がたくさん戻ってくるのは多額の税金を払っている人。**払っている税**

金の範囲でしか還付金は戻ってこないので、一般的な収入の人はさほど気にする必要はありません。

繰り上げ返済を積極的に数回実施し、3000万円の住宅ローンを1500万円まで減らせたら、精神的にも家計的にもかなり身軽な状態になります。

住宅ローンを早めに終わらせ、老後資金を貯める

繰り上げ返済を積極的に行い、住宅ローンを完済できたら、**今まで払っていた分を貯蓄に回す**ことができるでしょう。

例えば、50歳で住宅ローンがゼロになったら、60歳までの10年間は老後資金を貯められます。毎月10万円の住宅ローンを返していたとすれば、10万円を10年間貯めると1200万円、65歳まで貯められるのなら1800万円貯まります。これができれば、老後資金ができて安心です。

繰り上げ返済で利息を減らす

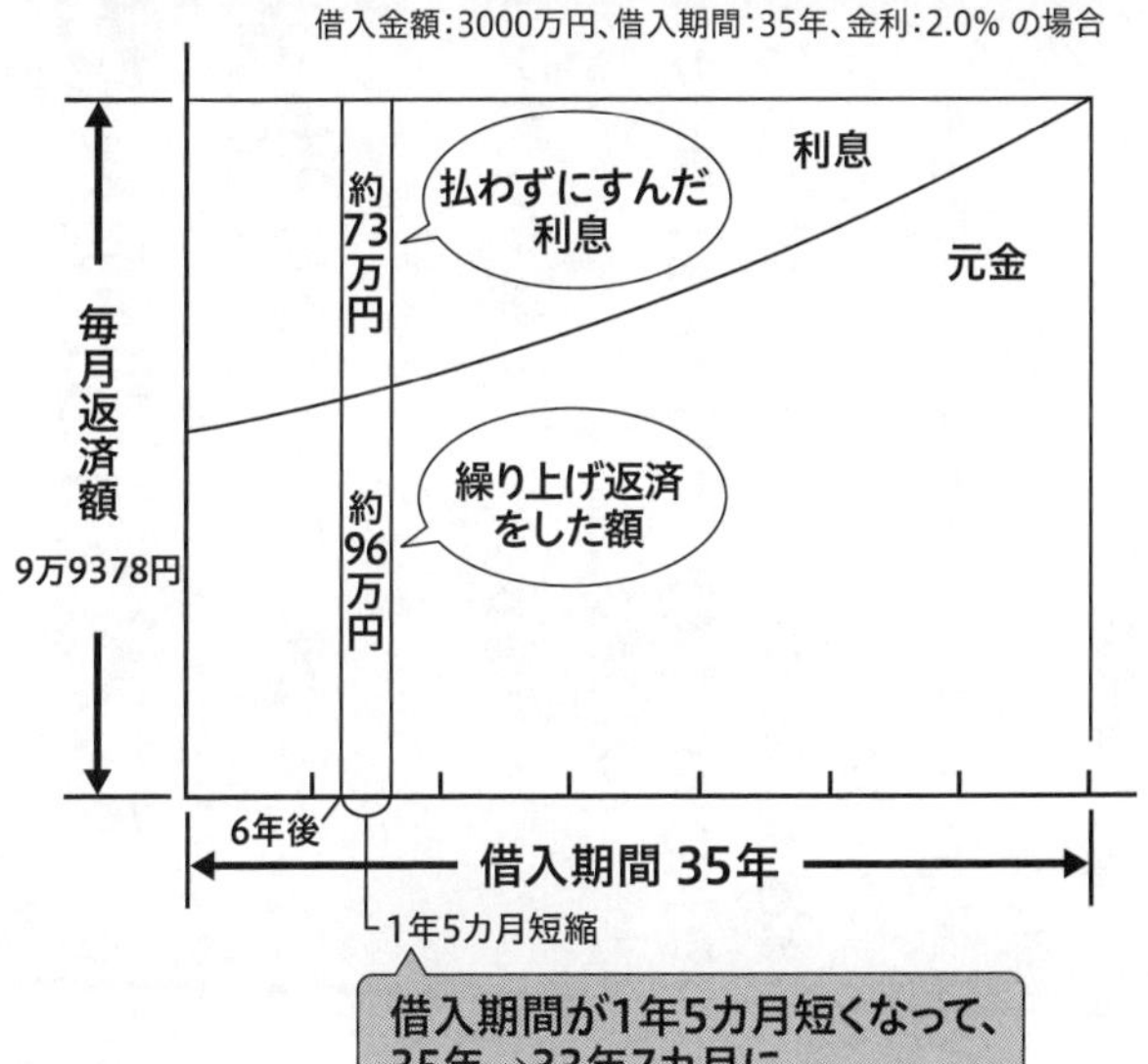

■ 繰り上げ返済のチェックポイント

- ☑ 繰り上げ返済をすると、利息が減り、借入期間も短くなる
- ☑ 繰り上げ返済は利息が多いうち（借り入れして早いうち）にするのがトク
- ☑ 早めに住宅ローンが終われば、その後、老後資金が貯められる

金利の上昇局面では固定金利が安心だが……

固定金利が安心な理由

　これまでは低金利が続いてきましたが、住宅ローン金利に影響を与える**長期金利の指標「10年物国債」の利回りが6年ぶりに上昇**したことから、２０２２年春ごろから固定金利が若干上昇の兆しを見せ始めました。

　これから金利が上がっていく局面になるのなら、固定金利を選ぶほうが安心です。固定金利は一定の期間は金利が上がらないことが保証されており、返済額も変わりません。

　固定金利は3年固定、5年固定、10年固定、全期間固定など、固定金利が適用される期間によって金利が異なります。

変動金利はそのときの金利の状況に合わせて6カ月ごとに金利が見直されます。変動金利で借りている人も、「固定金利に換えたほうが安心なのではないか」と思い始めているようです。

変動金利の人は積極的な繰り上げ返済を

現在は住宅ローンを借りている人の大半が、金利が低めの変動金利を選んでいます。しかし、変動金利が怖いのは「5年ルール」と「125%ルール」があることです。

変動金利の**「5年ルール」**は、返済期間の途中で金利が上昇しても、5年間は毎月の返済額が変わらないというルールです。

さらに、5年経過後の6年目からの毎月の返済額は、今までの返済額に対して125%の金額までしか上げることができないという**「125%ルール」**もあります。元々の毎月の返済額が10万円であれば、変更時の毎月の返済額は12・5万円が最大ということ。これは、返済期間の途中で金利が上がっても毎月の返済額が大幅に変わらないようにするためのものですが、金利が上がると利息は増えるので、毎月の返済額に占める利息部分の割合が徐々に増えることになります。毎月の返済額よりも利息の支払金額のほうが大きくなると、元金の返済は一切進まず、さらに未払いの利息が発生することになります。

このように**変動金利は、金利が上がっていくと元金が減らないリスク**があるので、**変動金利で借りている人は積極的に繰り上げ返済をし、元本を減らしていくことが必須**です。少し金利が上がったとしても、元本が減っていればいく分かはカバーできます。

住宅ローンに保険を付けすぎないで!

もうひとつ住宅ローンで注意すべきことは、保険を付けすぎないこと。死亡・高度障害のときに保障される一般的な団体生命信用保険(団信)は付けたほうがよいですが、最近は、がんと診断されると保険金が支払われる「がん保障」、がん、急性心筋梗塞、脳卒中を保障する「3大疾病保障」、3大疾病に高血圧症や糖尿病などを追加した「7大疾病保障」「8大疾病保障」、すべての病気・怪我が対象になり、段階的に返済が免除される「全疾病保障」など、さまざまなタイプの保障を団信に上乗せして加入できるようになっています。

このような保障がたくさん付いた団信は費用（保険料）がかかります。保険料は、住宅ローンの金利にプラス0・1％、プラス0・3％など金利を上乗せする形で払うので、**実際の保険料がいくらになるのかわかりません。**

住宅ローンの保険は、ローンを借りている人が亡くなったときに残債がなくなればいいのです。人が死ぬのは1回だけなのですから、**シンプルな団信以外は必要ありません。**

親からの贈与で家を買うときの注意点

住宅取得等資金贈与の特例と相続時精算課税制度

子どもが家を買うのに、親の援助を受ける方法は二つあります。それは、「住宅取得等資金贈与の特例」と「相続時精算課税制度」です。

「住宅取得等資金贈与の特例」とは、父母または祖父母から贈与された住宅取得等資金を使い、家を新築、購入、増改築等した場合に適用される制度です。住宅用家屋は省エネ性や耐震性などの一定の要件を満たした住宅用家屋（省エネ等住宅）なら1000万円まで、これらの要件を満たさない一般の住宅は500万円までが上限額となります（2022年1月1日から2023年12月31日までに、父母または祖父母から贈与を受けた場合)。

「相続時精算課税制度」は、60歳以上の父母または祖父母から、18歳以上の子または孫へ贈与した場合、最大2500万円まで贈与税が課税されないという制度です。この制度は、子どもが若いうちに親から財産を受け取りやすくし、スムーズに資産の移転ができるようにつくられました。この制度によって贈与された財産は、相続発生時に相続財産と合わせて相続税の課税対象となります。

2500万円を超える贈与がある場合は、超過した部分について贈与税が発生します。ただし、税率は一律20%となります。暦年課税(年に110万円を超える贈与をしたら課税される)との併用はできず、一度選択したら取り消すことができないので注意が必要です。この制度を使いたいなら税理士などに相談してください。

二つの制度を併用すると、**最大3500万円まで課税されずに贈与**ができます。

相続時に自宅の評価額が8割安くなる「小規模宅地等の特例」

親と同居していると、親が亡くなった後、一緒に住んでいた自宅の敷地の相続税が安くなる**「小規模宅地等の特例」**という制度があります。これは、亡くなった人と一緒に住んでいた家族が相続税のためにその家に住み続けられなくなることを防ぐために設けられた特例です。一戸建ての家なら100坪（330㎡）までの敷地の相続税評価額が8割も安くなります。例えば、土地が100坪未満で評価額が1億円なら、それが2000万円になるため、相続税の負担が軽くなります。

居住用の土地を亡くなった人の配偶者が相続するなら、条件なく「小規模宅地等の特例」が適用されます。配偶者以外の親族が相続する場合は、相続する前に同居していた親族か、同居していなくても相続開始前3年間は自分や配偶者の持ち家に住んでいないなどの条件を満たした親族などがこの制度を使うことができます。

このように、親が高齢になったら一緒に住むというのは、**相続税の面でもメリットがある**のです。

二世帯住宅は相続時にトク

親と同居すれば相続税が安くなりますが、嫁姑の仲がよくない、少し距離をとって過ごしたいなら、**二世帯住宅にして同居するという方法**があります。親が持つ土地に二世帯住宅を建てて住む場合も、将来の相続時には「小規模宅地等の特例」を使うことができます。

以前は共通の玄関や、世帯間で行き来できる構造の二世帯住宅でないと特例が使えませんでしたが、今は**完全に分離した構造の二世帯住宅でも使える**ようになりました。二世帯住宅を建てる際には、将来のことも考えて、親世帯の部分を賃貸として貸し出せる構造にしておくと、後に賃料収入が得られます。

ただし、建物の登記の仕方に注意が必要です。1階を親の持ち分、2階を子どもの持ち分として区分登記してしまうと、小規模宅地等の特例は、親の持ち分に相当する面積にしか適用されなくなるので気をつけてください。

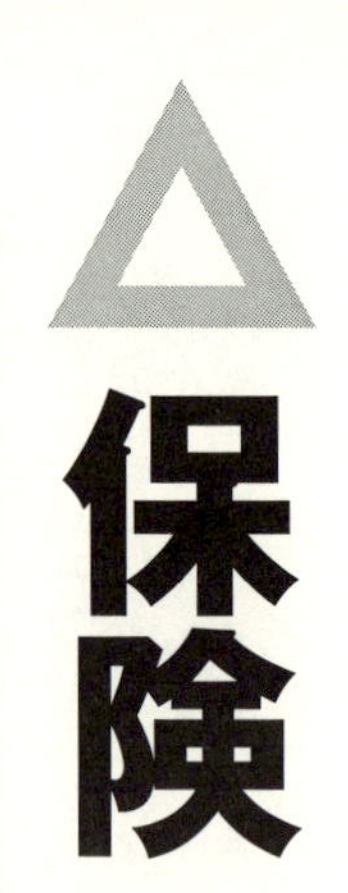

保険

必要以上の保険は無駄！ あれもこれもと保険に入り過ぎるな

この言葉を聞いたら疑おう・要注意ワード

「がん保険」「三大疾病保険」「先進医療」「保険でお金を貯める」「最新の保障付き」「預金の利息より保険の予定利率のほうが高い」「私でも入れる保険」「車両保険」「損害保険のダブり」「焼け太り」

これから入る保険は「掛け捨て」。死亡保障は子ども1人1000万円でいい

「私たちはすでに多額の保険に加入している」との認識を持つ

保険は、心配事をカバーするために入るものです。心配事は人によって異なるので、どの保険にどの程度入るかは十人十色。しかし、実際に、皆さんの保険加入状況を見ると必要以上に入り過ぎている人が多く、家計を圧迫していると感じます。

大前提として、「私たちはすでにたくさんの保険に入っている」ことを認識してください。**会社員はすでに、①雇用保険、②年金保険、③健康保険、④介護保険の４つの公的保険に加入しており、これらの保険に毎月、多額の保険料を支払っています。**

例えば、毎月、給料天引きで①②③④の合計で４万～５万円の保険料を払っている会社員は少なくなく、労使折半で会社も同額を負担しているので毎月８万～10万円もの保険に入っていることになります。この手厚い保障をすっ飛ばして、民間の保険加入を保障がゼロの状態から考えるのはおかしな話です。

民間保険の加入を考えるときには、会社員なら前述の４つの保険で受けられる保障を踏まえて計算することが鉄則です。

夫が亡くなったら、妻は遺族年金がもらえる

民間の生命保険の種類はさまざまで、内容を理解するのは難しいと感じるかもしれません。しかし、保障は大きく分けると二つだけ。それは、亡くなったときにお金が出る「死亡保障」と、病気や怪我で入院したときにお金が出る「医療保障」です。

まずは、我が家に死亡保障がどのくらい必要かを考えましょう。家計を支える大黒柱の夫が亡くなり、妻と子ども2人が残された場合、公的年金保険から遺族年金が出ます。会社員なら**遺族基礎年金**と**遺族厚生年金**があるので、子どもが18歳になるまで毎月15万円程度は出ることになります。住宅ローンは**団体信用生命保険**の保障があれば、夫の死亡で残りのローンは払わなくてもよくなります。妻が働いて収入を得られれば、親子3人、何とか暮らしていけるでしょう。

また、夫の会社からは**死亡退職金**も出るでしょうから、当面の生活は心配ありません。

子どもの教育費用の「死亡保障」

夫の死亡後、遺族年金と妻が働けば生活は心配ありませんが、公的制度には子どもの高校から大学までの教育費の保障がありません。日本における初等教育から高等教育の公的支出が国内総生産に占める割合は2・9%で（2017年）、OECD（経済協力開発機構）加盟国38カ国中、日本は37位と、OECDの中で2番目に政府が教育費を出さない国です。その分を家計で負担しなくてはなりません。

日本政策金融公庫の「教育費負担の実態調査結果」（2021年度）によると、高校入学から大学卒業までにかける子ども1人あたりの教育費用（入学・在学費用）は、942・5万円。子どもが2人いれば約2000万円かかります。

そのため、子どもが大学を卒業するまで、万が一のために、**1人あたり1000万円の死亡保障を確保**しておく。ただし、子どもが社会人になったらこの保障は必要ないので、保険を解約し、保険料分を老後資金に回してください。**死亡保障は子どもの教育のためだけ**と考えましょう。

もちろん、貯蓄ですでに教育費を用意できている分は、死亡保障を減額してもよいです。このあたりは家庭の事情によって調整しましょう。

高齢期の死亡保障は必要なし

高齢になり、会社員だった夫が先に亡くなっても、妻には遺族年金が毎月12万〜13万円程度出ます。**持ち家があり、貯蓄もゼロでなければ、それほど困らずに老後を暮らせます。**

妻の死亡保障は基本的には必要ないです。年金制度が改正され、2014年4月から父子家庭にも遺族基礎年金が出るようになりました。そのため、妻が亡くなった場合も、残された夫には子どもが18歳になる年まで月10万円程度の遺族基礎年金が出ます（子ども2人の場合）。

妻が亡くなっても毎月10万円あれば、ベビーシッターや家事代行などを依頼することができます。ただし、夫が遺族基礎年金を受け取れる要件は、夫の収入が850万円未満であることなどです。

保険は掛け捨て、いちばん安い保険を選ぶ

生命保険はアフターフォローのない商品です。保険に入っている家族が亡くなったときや、入院したときには加入者や家族が申告し、証明書を添付して書類を出さないと保険は出ません。

アフターフォローがないのだから、いちばん保険料が安い保険を選びましょう。保険料が月2000円で死亡保障が1000万円の保険と、保険料が月3000円で同じ保障の保険を比べたら、保険料月2000円の保険がよいのです。

死亡保障の保険料は、各社とも厚生労働省が出している「生命表」の死亡率に基づいて計算されているので、計算の元となるデータは変わらないはずなのに、会社によって保険料に差があります。それは経費のかけ方に差があるからです。**保険料が高い保険は、その分経費がたくさん上乗せされているのです。**

これから保険に入る人は、死亡保障のみのシンプルな保険を必要な期間だけ選び、経費が低めのネット専業の保険会社で契約。掛け捨てタイプ一択でよいでしょう。

医療保険は「お守り」。欲しいなら病気を限定しないものを

傷病手当金は、通算して1年6カ月もらえる

医療保険に入る前に、会社員なら、健康保険には**傷病手当金**があることを踏まえてください。傷病手当金とは、病気や怪我で仕事を3日以上休むと、4日目から最長で1年6カ月、給料の3分の2が支給されます。生命保険の医療保障は入院あるいは通院しないと給付金が出ませんが、傷病手当金は傷病で仕事を休むのなら自宅療養でも出ます。

2022年1月から、傷病手当金の制度が改正され、「支給開始日から通算して1年6カ月」支給されることになりました。例えばがんで1カ月休業し、復帰して6カ

月働き、再度1カ月休業した場合、傷病手当金を受け取れる期間は残り1年4カ月あるとカウントされることに。これまでの「支給開始日から起算して1年6カ月」より長期間出るようになり、安心度が増しました。

また、会社員に多いうつ病は、入院には至らず自宅療養で治療することも多い病気です。**うつ病での自宅療養も傷病手当金が最長1年6カ月支給**されます。

大病をしても医療費は1カ月で9万円弱

日本の健康保険は優秀で、安いと思います。健康保険があるから医療費負担は1～3割で済み、安心して病院にかかることができるのです。また、**高額療養費制度**により手術をしても、高額な薬を使っても、名医にかかっても、健康保険対象の治療なら1カ月で9万円弱しか自己負担はありません（69歳以下で年収約370万～約770万円の人の場合）。

最近では厚生労働省の方針で、大病で入院をしても7～10日程度で退院と、驚くほど短くなっています。つまり、医療費はそんなにかからないので、民間の医療保険に入るならそれを踏まえてください。

日帰りや1泊2日入院の保険は必要ない

傷病手当金や高額療養費制度を知ると、民間の医療保険はあまり必要ないことが理解できたと思います。

民間の医療保険はがん保険、三大疾病保険、女性向け保険など、対象の病気にならないと給付金が支給されないものがズラリ。将来、自分がどんな病気になるかわからないので、**保障される病気をピンポイントで決めるのはナンセンス。**最近は「コロナ保険」が登場しましたが、通常の医療保険でもコロナは対象なので必要ありません。

給料の3分の2の傷病手当金では足りないと感じる人は、病気や怪我を問わない1日5000円程度の入院給付金が出るだけのシンプルな医療保険に加入するとよいでしょう。

最近の医療保険は日帰りや1泊2日の入院から保障するタイプが主流ですが、その分、保険料が高くなっていることを忘れずに。また、**1日5000円の給付金をもら**

傷病手当金が改正された

■ 2021年までの傷病手当金の支給期間

		療養期間		療養期間		療養期間
出勤	欠勤	欠勤	出勤	欠勤	出勤	欠勤
	待期期間	支給	不支給	支給	不支給	不支給

← 1年6カ月 →

※支給開始日から**起算して**
1年6カ月経過後は不支給

■ 改正後の傷病手当金の支給期間

		療養期間		療養期間		療養期間
出勤	欠勤	欠勤	出勤	欠勤	出勤	欠勤
	待期期間	支給	不支給	支給	不支給	支給

通算1年6カ月

※支給開始日から**通算して**
1年6カ月まで支給

■ 傷病手当金のチェックポイント

- ☑ 病気やけがで会社を3日間以上休むと、健康保険より4日目以降から給料の3分の2が支給される
- ☑ 「休業した期間に給与の支払いがないこと」が条件(給料と傷病手当金の両方はもらえない)
- ☑ もらえる期間は支給を開始した日から通算して1年6カ月

うために、診断書作成に5000円かかってしまったらまったく意味がありません。

7日ほどの免責期間（保険金、給付金の支払いを免除される期間）を付けると、保険料は安くなるので、医療保険の加入を検討している人は調べてみましょう。

「先進医療」という言葉に騙されるな

保険販売員や保険サイトも「先進医療のための保障をつけたほうがいい」と執拗にすすめてきますが、**先進医療は言葉のイメージに騙されないよう**注意してください。

先進医療とは「いい治療だけれど、政府に未だ承認されていない治療」です。毎年審査をして、医療現場でポピュラーに使われる治療になれば、健康保険の適用の範囲に入ってきます。年間費用が1000万円程度かかるがん治療薬の「オプジーボ」や、1回3000万円以上かかる白血病治療薬の「キムリア」、手術支援ロボット「ダ・ヴィンチ」による高額な手術などは、条件によってはすでに健康保険の適用範囲に入ってきています。

先進医療は「健康保険予備軍」みたいなもの。確かに陽子線治療や重粒子線治療などは300万円前後かかりますが、全国で使っている人の数はほんのわずか。多くの人が対象になる治療ではないので、「必ず入っておかないと心配」と大騒ぎして入るようなものではありません。

最低限の保障にネットで入る

医療保険は神社の「お守り」のようなものです。どうしても**「お守り」が欲しい人**は、①1日5000円程度の入院保障、②病気を問わずに給付金が出るもの、③7日間の免責期間があるもの、④インターネットで加入、という入り方がいいでしょう。病気に関しては心配性の人もいるので、もっと入りたい人はどうぞお好きに手厚く加入してください。

4つの公的保険に加えて、意外と見落としがちなのが労災保険です。通勤時の事故で怪我をした場合、医療費は自己負担なしで全額労災から出ます。

このように医療保険は自分にどれだけ保障が足りないかを逆算してから加入するのがポイントです。

保険と貯蓄は別物。「貯蓄型保険」にメリットなし

保険は「不幸くじ」

これから保険に入りたいなら、**死亡保険も医療保険も掛け捨て一択**です。この項目ではその理由を説明します。

保険の死亡保障と医療保障は1年ごとに清算される「くじ」のようなもので、その年にみんなが払った死亡保障や医療保障の代金は、その年にくじを引き当てた人に渡されて終わります。その際、不公平がないように、同じ性別・年齢でグループを作ってくじをひきます。都道府県民共済の医療・生命共済などは年齢で区切らず、15〜65歳が同じグループでくじをひくので、病気になる確率からみて、年齢が上の人のほう

が有利です。

このときのくじは、亡くなった、病気になったというような「不幸くじ」。不幸なことが起こった人にはお金（保険金、給付金）が出て、くじに当たらなかった人はお金（保険料）を払って終了になります。

このように保険は「不幸くじ」だと考えたら、そんなにたくさんお金を払う必要がないことがわかってもらえると思います。

貯蓄型保険はくじ部分を引いた残りを貯蓄する

「私の保険は掛け捨てではなく、貯蓄型だからくじではない」という人は、「保障」というくじを買ったうえで、自分のお金を「貯蓄」するという、目的が違う二つのことを一つの保険で行っているだけです。

不幸くじに貯蓄を付けた「貯蓄型保険」の貯蓄部分は、保険料から死亡保障と医療保障の保障部分（くじ部分）を差し引いた残りを予定利率で運用します。**掛け捨てのくじ部分があるので、預金のように全額貯蓄するときよりも貯蓄部分が少なくなりま**

す。もちろん、貯蓄するための手間賃として、保険会社には手数料も払っています。保険の貯蓄部分で注目すべきことは、保険は加入したときの運用利回り＝予定利率で固定されるものがほとんどで、加入時に決まった予定利率が、長い保険期間の最後まで適用されるということです。

「お宝保険」は解約しないように！

1990年前後のバブルのころは予定利率が5・5％あり、終身保険や個人年金保険などの貯蓄型保険は、そのときに加入していれば、**今でも貯蓄部分が増えています。これを「お宝保険」といいます。**私は払い込み済みの「お宝保険」を持っており、受け取らずそのままにしてあります。同様の保険を持っている人は、大切にしましょう。

保険会社は予定利率が高い保険を解約させたいので、「最新の保障付き」という騙しのテクニックで、現在の予定利率の低い保険への乗り換えをすすめてきます。しかし、その手には乗らないようにしてください。保険会社によっては、定期付き終身保険なら予定利率が高い終身部分だけを残し、定期部分を外す、医療特約も外すなどができ、「お宝」の部分だけを残すことも可能です。

保険でお金を貯める時代ではない

現在、新規の貯蓄型保険の予定利率は0・3%ほどです。「0・001%の銀行の普通預金よりいい」と思うかもしれませんが、保険と預金には大きな違いがあります。

例えば手元にある1万円を預金した場合、元金1万円に対して利息がつき、元本割れすることはなく、手数料もかかりません。しかし、保険の場合は保険料を1万円払うと、そこから保険の「くじ代」が引かれ、保険会社の手数料や経費も引かれ、残ったお金を0・3%で運用するため、なかなか元の1万円には戻りません。それならば保険を掛け捨てにして、貯蓄は銀行に預けたほうがいいのではないでしょうか。

もはや、保険でお金を貯める時代ではなくなりました。**これから貯蓄型保険に入ってもまったくメリットはありません。**

結論として、「生命保険も医療保険も掛け捨て一択、シンプルに必要な分の保障だけを得る」が保険の鉄則です。

「80代でも入れる保険」なんか必要ない

「80代でも入れる保険」に飛びつかないで

「80代でも入れる保険」が、テレビやラジオで宣伝されています。高齢になると入れる保険があるというだけで心動かされる人がいるようですが、私は**高齢者には保険は必要ない**と思います。

このような保険の問題点は、ざっくりと、①保険料が高い、②もらえる保障が小さい、③さまざまな免責事項（保障がない条件）がある、ということです。例えば、加入後6カ月は保障がない、あっても通常の保険の半分などの条件が見受けられます。

保険はさまざまなデータに基づいて保険料が計算されているので、**「加入者がトク**

になる保険」は世の中に存在しません。同じ加入条件なら同じ保険料になるはずなのに、保険料の高い・安いがあるのは、細かい保障条件による違いや保険会社の経費のかかり方によります。「このような病気の場合は出ません」「加入後6カ月は出ません」「自殺は支払いの対象外です」など、免責事項がたくさんついているほど保険金や給付金を支払わなければならない人が少なくなるので、保険料は安くなります。

逆に、細かい条件があまりなく、加入者全員がもらいやすいような保障内容だと、保険料が高くなります。高齢でも保険に入りたいという人を止めることはしませんが、なくても大丈夫な保障の可能性が高いです。

「持病があっても入れる医療保険」の保険料はバカ高い

同様に「持病があっても入れる医療保険」は、糖尿病や高血圧などで薬を服用中だったり、過去に入院して手術をしたりで一般の医療保険の審査が通らない人にとって、とても魅力的に見える保険です。この保険は「引受基準緩和型保険」といい、持病があってもいくつかの告知事項に該当しなければ加入することができます。

しかし、病気のリスクがあるグループをつくって運営するため、**一般の医療保険に比べて保険料がバカ高い**です。しかも、契約日から1年以内に支払いが発生した場合、給付金が50%になる支払削減期間があることが多いのです。

これらの保険に加入するのはやめて、支払う予定だった保険料分のお金を積み立てて、病気になったら医療費として使うほうが合理的です。

「保険に入ったから病気にならない」ということはない

さらに「自分のお葬式代ぐらいは子どもに残したい」と、100万円程度の死亡保障の少額短期保険に入る高齢者もいます。しかし、冷静に考えて葬式代の100万円くらいの貯蓄はあるのではないでしょうか。

たとえ貯蓄が一銭もなくても、**健康保険には葬祭費や埋葬料として、子どもに数万円を支給する制度**もあります。

勘違いしないでほしいのは、保険に入ったから病気にならない、死なないというわけではないということです。あくまで保険はお金だけの問題で、不幸な事態になったときにお金が出るか出ないかだけの仕組みです。

保険でなく共済でも保障を得られる

都道府県民共済なども基本的には民間保険と同じ考え方です。共済と保険の違いは、共済は組合員がお金を出し合い困っている人を助ける非営利事業なので、**保険より少し助け合いの精神が強い**ところです。

共済は掛け金が一定額で安く、決算内容によっては割戻金があります。幅広い年齢で一括りで運営しているので、年齢が上になるほど病気になる確率が高くなり、「不幸くじ」的にはトクです。

一般の生命保険に比べて保障額が小さく、死亡保障で数百万円、医療保障で1日数千円程度あればよいという人は、共済を検討しましょう。

火災保険は保険料アップ。長期契約は最長5年に

火災は減っているのに保険料がアップ

火災保険の保険料の計算の基になる参考純率が全国平均で10・9％上がったことを受けて、２０２２年10月から火災保険の保険料が値上がりしました。しかも、これまでは最長10年だった長期契約も、10月からは最長５年までと短くなっています。

耐火構造の建物が増え、スプリンクラーや火災報知器などの設備も進歩し、火災件数は減少傾向にあります。ところが、火災保険の保険料はどんどん値上がりしているのです。これは、ここ数年、毎年のように大規模な自然災害が発生しており、台風や集中豪雨による風水害の支払いが多くなっているためです（１５１ページ参照）。

自然災害が発生するリスクが一層高まっています。火災保険は火災だけでなく、**自然災害にも対応しています**。

火災保険の補償内容は、火災、落雷、破裂・爆発、風災、雹災、雪災、水災、落下・飛来、水濡れ、盗難、騒擾（集団の行動により平穏が害される被害状況。例えば家のそばでデモがあって機動隊ともみ合いになって家が壊れた、暴行されたなどの被害など）、と多岐にわたっています。このようなことが原因で建物や家財に損害が生じた場合、保険金が支払われます。

我が家が加入している火災保険にはどのような補償があるのか、一度確認しておくとよいでしょう。

日本では失火責任法により、隣の家からのもらい火で自分の家が全焼しても、相手によほど重大な過失がない限り補償されないことになっています。「我が家はオール電化だから火事は起こさない」と思っていても、**近隣から出火する可能性があるので、持ち家の人は火災保険の加入が必須**です。なぜなら、万が一に備えて自分で入っておかないと、火事のあとに家を建て直すことができないからです。

補償が選べるタイプは保険料の節約に

火災保険も、最近はさまざまなタイプが出ています。例えばセゾン自動車火災保険の「じぶんでえらべる火災保険」は、基本補償として火災、落雷、破裂・爆発の三つは付いていますが、そのほかの必要な補償は自分で選べるようになっています。補償が増えるほど保険料がアップするので、最低限の補償を選んで保険料を節約したいという人にはオススメです。

また、火災保険は、**複数年分まとめて支払うと保険料が割安**になります。2022年10月から長期契約が最長10年が廃止され、最長5年までになったので、今後、値上げの影響が心配な人は、5年契約をするとよいでしょう。

地震が原因の火災は補償されない

「地震が心配」という人は、火災保険と合わせて地震保険に加入しましょう。地震保険は原則として、火災保険とセットで申し込みます。地震や噴火、津波が原因となって建物や家財に損害が生じると保険金が出ます。

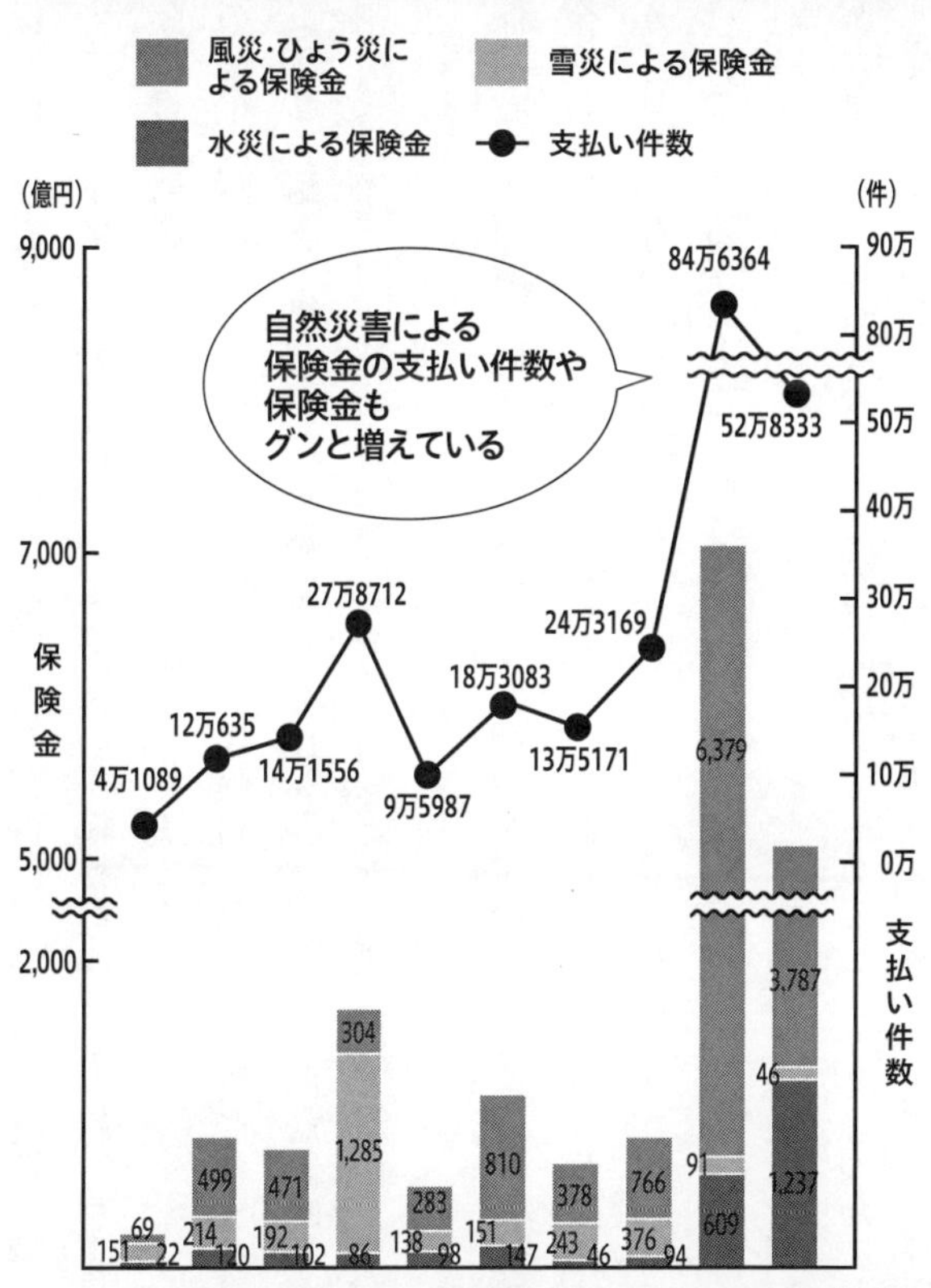

※損害保険料率算出機構『2021年度　火災保険・地震保険の概況』より。

地震保険は財務省が運営する国の制度であり、保険料は建物の構造と建物の所在地によって決まります。保険会社によって内容や保険料が違うことはありません。気になる保険料は、財務省のホームページで確認してみてください。

一定の基準の耐震性能を備えた建物には、保険料の割引が適用されます。免震建築物割引（50％）、耐震等級割引（等級に応じて10％・30％・50％）、耐震診断割引（10％）、建築年割引（10％）の4種類の割引のうち、対象となる割引のどれか一つが適用されます。

地震保険も火災保険と同様に建物と家財の補償を付けられます。地震保険では火災保険の金額の50％までしか付けられないので、保険だけで家を建て直すことは難しいのですが、地震が起きたときに生活していくための資金に回せます。

地震はいつ起こるか、どこで起こるかわかりません。地震が原因で発生した火災は地震保険に入っていないと補償されません。いったん地震保険に入ったら、長く続けることが大事。しばらく入っていたのに、途中でやめてしまうといったことがないように。地震保険も最長5年まとめて払うと保険料が安くなります。

参考までに、**2020年度の地震保険の付帯率は68・3%**で、割と多くの人が加入しています。

火災保険は機動性で選ぶ

火災保険は対象も内容もはっきりしているので、選びやすい保険です。選択するうえで保険料は大きな要素ですが、**損害保険は生命保険にはないアフターフォローで選ぶ**視点を持ちましょう。

災害に遭ったあとに届け出を出し、現場を見に来てもらい、被害の状況を確認してお金(保険金)が出る仕組みなので、機動性も必要です。そのような点も考えて加入先の保険会社を選ぶとよいでしょう。

自動車保険は対人補償を無制限にする

自賠責保険だけでは足りない

自動車を運転するなら、自動車保険は必須です。自動車保険には法律で加入が義務付けられている**自賠責保険**と、任意保険（民間保険）があります。

車を購入するときや車検のときに入る自賠責保険は、自動車事故による被害者を救済するため、すべての自動車が加入しなくてはならない強制保険です。自賠責保険で補償されるのは、事故で他人を死亡させたり、怪我をさせたりした「人身事故」の場合のみで、相手への損害賠償に対して保険金が支払われます。相手への補償金額は、**怪我の場合は最高120万円まで、死亡の場合は最高3000万円まで**です。また、事故を起こした運転者自身の怪我や車両の修理代、電柱に衝突して怪我をしたなど単独の人身事故は補償されません。

自賠責保険だけでは補償が足りないので、カバーできない部分を任意加入の自動車保険で補うことになります。

最悪のケースに備えよう

最悪のケースは、自動車事故を起こして相手を死なせてしまうこと。場合によっては1億円以上の損害賠償が必要になります。そのため、**任意加入の保険は対人賠償保険の補償額を無制限にすること**が大事。また、事故を起こして電柱やガードレール、店舗などを壊す可能性もあり、**対物賠償保険も無制限**にしておきましょう。

他に、自分や家族など同乗者が怪我をしたときの入院費などが実費で給付される人身傷害補償保険や、搭乗者の怪我に対して入院日額や、怪我の部位と症状別に定額で補償される搭乗者傷害保険、自分の車の修理代を補償する車両保険などがあります。

必要な補償のみ加入し、保険料を節約

自動車保険には等級制度があります。最初は6等級から始まり、1年間無事故なら1等級上がって保険料が安くなり、事故を起こして保険金を請求すると原則3等級下がり、保険料が割高になる仕組みです。等級制度は各保険会社に共通するものであり、**保険会社を変えても、等級はそのまま引き継がれます。**

自動車保険の保険料は、等級や運転する人の年齢や運転する人の範囲、自動車の型式、安全性能などで細かく変わります。**運転する人の範囲を狭くし、年齢制限をつけるなどすると、保険料はぐんと安くなります。**

セゾン自動車火災保険の「おとなの自動車保険」のように、ネット経由で一つひとつの補償と補償金額を自分で決めて入れる保険もあります。この保険の特徴は、事故率の低い40〜50代の保険料が割安になる保険料体系となっていること。保険代理店などに相談するとフル装備の自動車保険をすすめられがちで、あれもこれもと補償をたくさん付けてしまうので、ネットで必要な補償だけの自動車保険に入ったほうが納得もいくし、保険料が節約できます。

特に、車両保険は支払う保険金が高い補償のため、付帯すると保険料が高くなります。ある程度の金額は自分で出すと判断し、免責金額を設定する、10年以上乗っている車なら車両の価値はないと判断し車両保険は付けない、などの選択をすると保険料は安くなります。

最近、**テレマティクス保険**という新しい自動車保険が登場。これは通信機能を持つ車載器やドライブレコーダー、スマホのアプリと連携したもので、運転者の状況を保険会社が把握しつつ、安全運転をしていれば保険料が割引になる仕組みです。

自動車保険の保険料は下がる傾向に

近年、衝突被害軽減ブレーキや車線逸脱警報装置、バックカメラ（車載カメラ）などの装着率が上がっていることから、対物賠償保険や車両保険の保険金支払い額が減っています。そのため、**自動車保険の保険料は下がる傾向**にあります。

しかし、事故を起こしたら多額の賠償額が必要になるため、任意の自動車保険にも加入しておくことは、車を運転するうえでの常識です。

損害保険は複数加入しても焼け太りできない仕組み

損害保険はダブって入ると無駄になる

怪我をしたときに補償される傷害保険や、他人に怪我をさせたり、他人の物を壊したりしたときに補償される個人賠償責任保険は、クレジットカードに付帯している保険や家族が入っている自動車保険、火災保険などに付いており、知らない間にダブって入っていることも多いものです。

損害保険は生命保険とは異なり、**焼け太りができない仕組み**になっています。例えば生命保険は1000万円の死亡保障に1人で3社に加入すると、保険に加入している人が亡くなったら、1000万円×3社で3000万円の死亡保険金が受け取れます。しかし、損害保険は1000万円の補償が出る火災保険に3社加入していても、被害額が1000万円しかなかったら、保険金も合計1000万円までしか出ません。その場合は3社で案分されるので、1社あたり約333万円ずつ支払われます。

つまり、**損害保険は損害を受けた被害額までしか出ない**ので、何重にも入るのは保険料の無駄です。

損害保険はアフターフォローを考慮

生命保険はアフターフォローのない商品と前述しましたが、損害保険は事故や被害に遭ったあとのアフターフォローが大事な商品であり、保険料が安いことだけで選ばないほうがよい商品です。**アフターフォローが悪いと保険としての価値が下がる**ので、しっかり対応してもらえる会社かどうか見極めることが大事です。

例えば「事故対応を24時間受け付けます」という会社の自動車保険に入り、土曜日に事故を起こした場合、A社はすぐその日に対応してくれたけれども、B社は月曜日にならないと対応してもらえないとしたら、B社のほうが圧倒的に交渉力が弱くなります。損害保険を保険料だけで選んではいけないのは、そういうことです。

自転車事故は「個人賠償責任保険」で備える

２００８年に神戸市で発生した自転車事故で被害者が死亡、加害者の少年の保護者に約９５００万円の賠償命令が出されたことから、自転車保険の必要性が注目されるようになりました。

日常的に気軽に乗れる自転車ですが、事故を起こしたときの保険の重要性が叫ばれ、各自治体では、**自転車に乗るなら自転車保険への加入を義務付ける**ところが増えてきました。

一般的な自転車保険は、交通事故による怪我の補償をする交通傷害保険に、事故の相手に怪我をさせたり、物を壊したときに補償される個人賠償責任保険をセットしたタイプが多いようです。個人賠償責任保険は、火災保険や自動車保険などの損害保険に特約として付帯していることが多いので、チェックしてみてください。

家族で一つ入っていれば、同居など一定の条件を満たす家族全員をカバーできます。

保険料はそれほど高くはないので、加入するときは補償額を1億円以上に設定しておきましょう。

個人賠償責任保険は、自転車の事故だけでなく、ペットが他人を噛んで怪我をさせてしまった、子どもが他人の物を壊した、というような場合にも補償されます。

「保険を確認してみたら、個人賠償責任保険に入っていなかった。無保険が気になる！」という人は、セブン－イレブンにあるマルチコピー機で自転車保険に入るという手もあります（保険会社は、三井住友海上）。保険料は1人なら年3220円（月額換算で約268円）、家族なら年5890円（月額換算で約491円）です。5人家族なら、1人月100円程度で入れます。

この程度の金額で自転車保険に入れるのなら、**「お守り」を買うイメージで加入し**てもよいでしょう。

○収入アップ

最大の資産防衛術は自分に投資、自分で稼ぐ

この言葉を聞いたら頑張ろう・元気が出るワード

「スキルアップ」「一般教育訓練給付金」「専門実践教育訓練給付金」「転職」「起業」「シニア起業家支援」「移住支援金」「リモートワーク」「副業」「クラウドソーシング」「個人売買」「農業体験」「農業ビジネス」

出世よりスキルアップ！
個人で戦う武器を身に付ける

在職中に教育訓練給付金を利用してプロになる!

これからの会社員は個々のスキルが評価の対象になるので、何らかのプロフェッショナルになっておくことが大切。転職や独立の予定がなくても、在職中に一般教育訓練給付金を使い、ネット系やTOEIC(英語系)などを勉強し、スキルアップするくらいの気概が必要です。

一般教育訓練給付金は、厚生労働大臣が指定する教育訓練講座を受講して修了すると、**入学金や受講料の20%(上限10万円)**が戻ってきます。この制度を使えるのは、雇用保険に通算3年以上加入している人。初めて給付を受けるなら、1年以上の加入で利用できます。また、退職後1年以内の人も使えるので、次の転職に役立つ講座を受けるとよいでしょう。

専門実践教育訓練給付金は、より専門的な知識を身に付けるコースで、対象となるのは、MBA、看護師、介護福祉士、美容師、保育士、キャリアコンサルタントなど。給付期間は最長3年で、**受講にかかった費用の50%(年間上限40万円)**が支給されます。**受講修了から1年以内に雇用されたら、70%(年間上限56万円)**が支給されます。

現に私の知り合いで、某広告代理店に勤める男性は会社を1年間休職し、この制度を利用してMBAを取得しました。「これほどコロナ禍を有効に使った人はいない」と、社内でもっぱらの評判です。

会社はスキルアップの場所と考えよう

高度経済成長期からバブル期まではポストが多数あり、大半の人が出世できたのですが、低成長の今は、全員が出世することが難しくなりました。会社員は早々に出世することに見切りをつけ、**個人のスキルアップに方向転換**したほうがよさそうです。

どこの会社でも通用するようになるためには、お金を出せば誰でも取れるような資格ではなく、今の仕事に関連した資格を取るなど、会社や社会で役に立つ資格を目指しましょう。例えば、経理なら来年から導入されるインボイス制度をこなせる技術を身に付ければ、さまざまな部署で重宝されるはず。その延長上で税理士などの士業の資格取得ができれば、一生物のスキルになります。

会社はいつまでも社員の面倒を見てくれません。自分中心に考え、当面の居場所と

スキルアップや起業に使える制度

■ 教育訓練給付金制度

一般教育訓練給付金	専門実践教育訓練給付金
入学金や受講料の20%が支給される	受講にかかった費用の50〜70%が支給される

■ 地方創生移住支援事業（内閣府）

移住支援金	起業支援金
世帯で100万円以内 （単身者は60万円以内） ※東京23区に在住または通勤する者が東京圏外へ移住し、就業・起業の条件を満たす場合。	最大200万円 ※東京圏以外の都道府県または東京圏内の条件不利地域において、個人開業届を出すまたは法人を設立して、社会的事業の起業を行うこと。 また、起業地に居住または居住予定であること。

■ 教育訓練給付金制度のチェックポイント

☑ 教育訓練給付金制度を使える人は雇用保険に3年以上加入した人（初めての利用なら1年以上の加入）

☑ 会社員として働きながら使える。退職した後も1年以内なら使える

☑ 教育訓練給付金は講座を修了したあとにもらえる

して会社があると思うくらいでよいのでは。会社にずっと居続けるとしても、プロフェッショナルやスペシャリストとして雇われるほうが居心地がよいでしょう。

起業するなら金融機関のアドバイスを受けるべし

会社で芽が出ないのなら転職という手があり、スキルは転職時の強力な武器になります。転職後は今まで役職があった人も平社員スタートになることは覚悟しましょう。「部長職ができます」では通用せず、「これができます」と具体的にアピールできる何かが必要。ヘッドハンティングでない限り、転職後すぐに役職が付くことはありません。

自分が精通する業界に得意先があれば、起業するという手もあります。起業時に大切なのは、退職金や貯蓄など自分のお金を使わないこと。家族や親戚から借りるのもタブーです。ではどこからお金を捻出するのかというと金融機関です。**日本政策金融公庫ではシニア起業家支援に力を入れており、初歩的なことでも相談に乗ってくれる**ので、事業計画を持って訪ねてみてください。

最初は箸にも棒にもかからないでしょうが、日本政策金融公庫ではどうして駄目なのかを聞くことが大事。仕入れ先が悪い、立地がよくないなど、まさしく起業のプロからのアドバイスをもらえるので、とことん食らいつきましょう。それをクリアする事業計画書を作り、何度も何度も計画を練り直してチャレンジし、やっと融資の審査が通ると、その事業の成功率は格段に上がっています。

また、起業するときは最初から事務所を構えたり、人を雇ったりせず、自宅で妻と2人で小さく始めるのがオススメです。今はネットを活用し、起業しやすい環境にあるので、**うまくいけば社長として長く働く**ことができます。

また、東京から地方に移住して起業すると出る支援金もあります。2024年まで移住する人に国から**移住支援金が最大100万円**、そこで起業すると**起業支援金が最大200万円**出ます。

起業や移住するときは国や自治体の助成金や補助金をよく調べ、申請を忘れないようにしてください。

副業はネットを活用。先にお金を払うのは詐欺!?

副業OKの会社が当たり前になってきた

２０１８年に厚生労働省が「副業・兼業の促進に関するガイドライン」を発表し、副業・兼業を認めるように通達を出したことから、**副業OKの会社が増加し、会社員にとっては副業しやすい環境になっています。**みずほフィナンシャルグループは週休4日制で、１週間に3日働くという働き方が選択できるようになりました。その分収入は減りますが、休みが4日あれば副業がガッツリできるはずです。

今はネットの力を駆使し、新しいビジネスが続々と誕生しています。副業で何も思いつかない人は、**まずはネットのクラウドソーシングのマッチングサイトを覗いてみ**

ましょう。これまで社内でやっていた仕事を外部の人材にアウトソーシングすることは加速しており、効率を求める企業からのニーズが高くなっています。

米国の「Upwork（アップワーク）」は約1000万人が登録し、約400万社の企業が仕事を発注しています。これは「世界最大の職場」といえるかもしれません。

日本でもユーザー数480万人、全国78万社以上が利用する「クラウドワークス」、350種類以上の仕事があり全国40万社以上が利用する「ランサーズ」、主婦向けの仕事に特化した「ママワークス」など、さまざまなマッチングサイトが活況です（データは各社ホームページより）。今や自宅にいながら副業ができる環境があるのです。

副業は二の足を踏むことなく、まずは行動を起こしてみるべし！です。

最初にお金を出す副業は詐欺

副業するときに注意して欲しいのは副業詐欺です。特に、LINEやTwitter、Instagramを使った副業詐欺が横行しています。**「最初にお金を出す副業は詐欺」**と覚えておいてください。お金をもらう前から払うというのは絶対に怪しいので、そんな副業には近づかないでください。

副業詐欺には、「ネットで仕事をする前にこれを揃えてください」「このグッズや教材を買わないと副業を始められません」「トレーニングを受けてから副業を始めるように」など、さまざまな手法があります。

うっかりお金を払ってしまった場合は、一定期間内なら契約を解除して料金を取り戻せるクーリングオフの手続きを。詐欺と認められる場合は、クーリングオフの期間を過ぎても契約を解除できる場合があります。副業トラブルに遭ったら、泣き寝入りせずに、消費生活センターの消費者ホットライン「188（いやや）」(局番なし）に相談しましょう。

副業をフックに転職や起業を目指す

あくまでも本業をクリアしての副業ですが、働き方が多様化している現代は、副業として始めつつ、転職をする、起業するといったことも視野に入れましょう。

リモートワークが広がり、会社では数字や実績でしか査定されなくなってきました。

本業で認められるような実績を短時間で出しつつ、副業に取り組む頭のよさ、臨機応変さが大事です。副業推奨とはいえ、会社の査定は厳しくなっているので、本業に響くと思ったら無理して副業をしないほうが賢明です。**本業も副業も、相手にとっては通常のビジネスなので、中途半端だとどちらも失敗します。**

営業職はどの会社でも必要な職種なので、潰しが利きます。転職するときにはプラスアルファの知恵を絞りましょう。

例えばＩＴができる人にお金を出して、顧客名簿のデータ整理を頼みます。そのツールを転職の面接時に見せ、「このツールで顧客のニーズを把握しているから転職後も顧客を逃しません」「この属性の顧客にはこういうアピールをするのが効果的」などとアピールすればマーケティング手法を持った営業だと思われ、「こいつはできる」と判断してもらえます。このとき、データの分析ツールは自分で作れなくてもＯＫ。エンジニアの副業で顧客名簿のデータ整理をしてくれる人はたくさんいますので、発注しましょう。このように、それぞれの副業を合理的に利用することで、できることが広がる時代になりました。

不用品をお金に換えた後、物を買わない心がけを！

買い物の3割は必要ないもの

買い物するときは深く考えずに「何となく」買ってしまったり、「あったほうが便利なんじゃないか」と思い財布を開いていることも多いでしょう。しかし、「日々している買い物の3割は必要ないもの」だそうで、そのような物は買わなくても何の問題も起きません。買い物をするときは一呼吸おき、「買わなくても何とかなる」という思考に徹すること。**欲しいと思う物のうちの3割を買わずに済んだら、その分の現金が手元に残ります。**

次に、家の中を整理しましょう。物の処分を実行するときは、自分が持っているものに順位をつけてみてください。上位のものは手元に残し、下位のものは捨てる。これを繰り返していくと、残すべきもののラインがだんだんわかるようになり、スッキリ暮らせます。仕分けできる能力は一生ものです。

物の価値は人それぞれなので、一概に「すべて不要！」と斬ってしまうわけにはいきませんが、できるだけ物は減らす努力を。特に首都圏は地価が高く、「土一升金一升」（土地の値段がとても高いことのたとえ）なので、**不要な物のために高い住宅ローンや家賃を払うのはもったいない**ことです。

一度売れたらクセになる個人売買

捨てるにはもったいない物は、ネットを使って売りましょう。個人売買は売り主と買い主の双方にとってメリットがあるものです。**最大のメリットは消費税がかからないことです。**メルカリやＹａｈｏｏ！オークションではさまざまなものが売られており、個人でも手軽に出品ができます。

まだ一度も出品をしたことがない人は、面倒がらずにチャレンジを。高値が付いたり、意外なものが売れたりするとクセになります。やがて、Ｙａｈｏｏ！オークションで仕入れてメルカリで売る、あるいはその逆もしかり。**個人売買でビジネスのようなやり方ができるようになったら、副業の第一歩です。**

私の知り合いの子育て中の専業主婦は、「自分は今のところ1円も稼ぐ手立てがない。だから個人売買で10円でも儲かれば手間は惜しまない」とのスタンスで、毎日のように買っては売って、たくましく暮らしています。

物を持たない生活のほうがリッチな時代

物が減ると不思議とお金が貯まり、逆に物が多いとお金は貯まらないものです。少しずつ物の量を減らし、お金が貯まる体質に改善していきましょう。

少し前に『フランス人は10着しか服を持たない』（大和書房）というタイトルの本が流行りました。自分のスタイルを見つけ、ナチュラルメイクをし、上質なものを少しだけ持ち、いつもきちんとした装いで、大切に使う。そんなフランス人に学び、無駄なものを持たない、買わないを実践してみる。**貧乏ったらしい生活ではなく、シッ**

クな暮らしをすることでお金が貯まるようになります。

年金生活に向けダウンサイジングを心がけよう

買うものを減らし、家計のダウンサイジングを心がけるのは、年金で暮らす老後に向けてとても大事なことです。

例えば、毎月の生活費が20万円なら年間２４０万円の生活費が必要になり、10年では２４００万円、20年では４８００万円になります。これを毎月15万円で生活できるようにすれば年間１８０万円の生活費になり、10年で１８００万円、20年で３６００万円。20万円使い続けた場合と比較すると１２００万円も差が出ます。

50代に入ったころから可能な限り支出を抑え、老後には年金の範囲で暮らせるようにトレーニングをしておくと、年金世代になったときに貯蓄を取り崩すことなく、安心して暮らせます。

パートの「社会保険の壁」を乗り越えよう

さまざまな「壁」は複雑化。パートでの働き方を考える

子育てがひと段落し、専業主婦だった会社員の妻がパート勤務を始めれば、世帯収入は大幅にアップし、家計にとってプラスになります。とはいえ、いざ、働くとなると、悩みどころは税金や社会保険の支払いで「働き損」にはなりたくないところでしょうか。パート勤務の場合、配偶者控除、健康保険、年金、税金など、さまざまな制度が絡み合っているため、複雑化しています。

どの部分を意識し、どのような働き方をすればいいのかを知っておきましょう。

配偶者控除の「150万円の壁」

会社員の妻がパート勤務をする場合、以前は、年収が103万円以下なら夫の所得から38万円の配偶者控除を差し引くことができ、夫の年収が1220万円以下なら、妻の年収が103万円を超えても、141万円までは夫は配偶者特別控除が使えました。しかも、年収が103万円を超えると所得税と住民税（年収100万円超から）を払うことになるため、年収103万円未満で働く人が多かったのです。

しかし、配偶者控除の制度が変わったため、この103万円の壁は、**2018年から「150万円の壁」となり、大きく上がりました。** パートの妻が年収150万円になっても、夫の合計所得金額が900万円以下の場合、夫は38万円の配偶者控除と配偶者特別控除が使えます。

さらに、パート妻の年収が150万円を超えても201万5999円までなら配偶者特別控除も使えます（夫の年収が1220万円まで）。また、年収1120万円以上の夫は、配偶者特別控除が段階的に減っていきます。

103万円を超えると、所得税と住民税（年収100万円超から）がかかるようになることは変わりませんが、**その負担は数千円程度。**そのため「**103万円の壁**」は、**あまり意識することなく働ける**ようになりました。

社会保険の「130万円の壁」もしくは「106万円の壁」

パート勤務の主婦が最も考慮すべきことは、**社会保険料を自分で負担する「130万円の壁」**です。会社員の妻はパート収入が129万9999円までなら夫の扶養の範囲なので、自分で年金保険料、健康保険料を払わずに済みます。ところが、年収130万円を超えてしまうと、夫の扶養の範囲ではなくなるので、自分で年金保険料と健康保険料を払うようになり、その分手取りが減ります。

また、2016年10月からは、パートでも従業員501人以上の会社で週20時間以上働き、賃金が月額8万8000円以上（年収約106万円以上）で、1年以上勤務している人は、会社の社会保険（厚生年金と健康保険）に入らなくてはならなくなりました。これが「**106万円の壁**」です。

会社の社会保険に入ることが義務化される会社は、2022年10月からは従業員1

01人以上の会社まで拡大され、2024年10月からは、従業員51人の会社までが対象になります。これにより多数のパート勤務の人が、年収106万円を超えると会社で社会保険に加入しなければならない対象になっていきます。

ですから、パート勤務が働き方で考慮するべき壁は、社会保険に自分で加入する「130万円の壁」もしくは「106万円の壁」だけ。会社の社会保険に加入すると保険料負担が増え、手取りが減るので「いやだ」と思う人もいるでしょうが、頑張って働き、**年収を30万~40万円増やせば、またプラス**になっていきます。

社会保険に自分で加入すると、将来受け取れる年金は増えます。また、健康保険からは病気や怪我で休んだときの傷病手当金が最長1年6カ月、給料の3分の2が出るし、出産で休んだときの出産手当金も出ます。

パート妻は働くことを抑制せずポジティブに捉えましょう。世帯年収を上げることは、家計にも、将来の自分にとってもプラスになることです。

家庭菜園をやってみる。農業はビジネスチャンスにも！

家庭菜園で自給自足

コロナ禍では家で過ごす時間が増え、庭やベランダで家庭菜園を始める人が増えています。青しそやハーブ類はスーパーで買うと高価なので、ホームセンターで種や苗を買い、自宅で使う分くらいを育ててみましょう。植物を育てることは癒やしになり、食卓も豊かになって一石二鳥です。

もっと本格的に野菜作りがしたい人には、区画ごとに土地を借りる市民農園も人気です。市民農園は都心の世田谷区や練馬区などにもあり、農林水産省のホームページから**「全国市民農園リスト」**というサイトで探すことができます。

私の友人で練馬区の市民農園を借りている人に聞いたら、「土地の利用料、種代、肥料代、用具代や指導料などで年間3万2000円かかるけれど、毎年6万円分くらいの野菜が収穫できる」そう。そのくらい収穫できれば家計の足しになります。

夏は窓辺やベランダにヘチマやゴーヤを育て、緑のカーテンを作るのも涼しそうです。屋上緑化や壁面緑化は地球温暖化抑制の面から推奨されており、**自治体で補助金が出る地域もあります。**

例えば、東京都杉並区には屋上・壁面緑化助成金があり、壁面を緑化する場合に申請すると1㎡あたり1万2500円、上限100万円まで補助してくれます。壁面緑化は外からの日差しを遮るので、エアコンの設定温度が上がれば電気代の節約になり、ゴーヤなどの作物は食べられるし、補助金も出るならいいことづくめです。

レジャーも農業体験が面白い

最近は、レジャーを兼ねた「滞在型市民農園」(クラインガルテン)も人気です。バンガローに農園がついた物件で、週末、泊りがけで野菜の世話をできる場所が1カ月数万円で借りられます。同じく農林水産省の**「全国市民農園リスト（滞在型）」**で検索できます。利用者が楽しんでいる様子も掲載されているので、調べてみてください。

農家の収穫期の手伝いをすると宿泊費が安くなるツーリズムなどは、レジャーも兼ねて楽しい農業体験ができます。手伝いをする都会人の「少しだけやってみたい」というニーズを満たし、受け入れる農家の収穫期には人手が必要というニーズが合致し、盛り上がりを見せています。

農業体験から新しいビジネスを

現在は、東京から地方に移住すると補助金が出ます（165ページ参照）。地方でもネット環境が整っているので、東京と変わりなく仕事ができるようになりました。

徳島県神山町にはネットのサテライトオフィスがあり、山の中でシステムエンジニアが働いています。家賃が月3万円ほどの畑付きの藁屋根の家を借り、朝起きたら畑の見守りと手入れをし、収穫したばかりの野菜を使った朝食を食べ、徒歩5分ぐらいのサテライトオフィスへ出勤。ランチは家に帰り、午後またオフィスに出勤する。16～17時の業務終了後は、川で釣りをしたり、皆でホームパーティーをしたりして過ごします。給料は東京と変わらないのでお金が貯まるそうです。子育ての環境もよいし、ストレスなく暮らしていて楽しそうです。**都会に住む幸せとは違う体験は、その後の人生においても選択肢を広げてくれることでしょう。**

旅行者や移住者が地方で農業体験をすることによって、新しいビジネスが生まれることもあります。若い人たちが数や形がバラバラの規格外の野菜を安く買い取ってメルカリで売るビジネスを立ち上げたり、「タダヤサイドットコム」では、畑で廃棄されてしまう野菜を売ろうとしています。遅ればせながら全国のＪＡの直売所や道の駅でも規格外野菜を売るようになり、注目されています。

農業界では生産者も消費者もトクになるような理想的な関係を構築するため、ネットを駆使して一歩ずつ前に進んでいるようです。**人にソンを押し付けて自分だけトクをするのではなく、皆が幸せになるにはどうしたらいいのか**を軸に考えるビジネスの発想は好感が持てます。

現金

現金はいくらあっても邪魔にならず

この言葉を聞いたら頑張ろう・お金が貯まるワード

「先取り貯蓄」「手取り額の2割以上」「社内預金」「財形貯蓄」「積立定期」「小規模企業共済」「節約」「へそくり」「格安スマホ」「ミニマリスト」「ねんきんネット」「もらえる年金を増やす」「年金の繰り下げ受給」

お金が貯まる方法はたった一つ。「先取り貯蓄」しかない！

お金の貯まらない人は生活が身の丈に合っていない

28ページに前述した通り、金融広報中央委員会の「家計の金融行動に関する世論調査」(2021年)によると、貯蓄がない人は、全国・全世代平均で、2人以上世帯で22・0%、単身者で33・2%いるということがわかりました。この中には収入に対し生活がギリギリの人もいるのでしょうが……、夫婦2人や独身で普通に働いているにもかかわらず、「お金がない」「お金が貯まらない」と嘆いている声も多く聞こえます。収入があるのにお金が貯まらない人は、物欲も豊富で、お金をバラバラと使っている様子が見受けられ、生活のレベルが身の丈に合っていないともいえます。

お金は宝くじにでも当たらない限り一気には増えず、貯まるまでには時間がかかります。 喉が渇いてもコップの水(貯蓄)がいっぱいになる前に飲んではダメ。途中で飲んでしまう人はいつまでたっても貯まりません。まずはコップの水をいっぱいにすることが先決です。

大きめのコップの水をいっぱいにしてから、溢れた部分で高級住宅街に住んだり、美味しいものを食べたり、世界を巡ったり、投資をしたりと、豊かな生活をしているのが、いわゆる〝お金持ち〟です。

「先取り貯蓄」の理想額は収入の2割以上

「お金が確実に貯まる方法は、たった一つしかない！」と、私は断言します。それは収入を増やすことや節約をすること、家計簿をつけるような細かなワザも必要ですが、もっとも効果的なのは自動的に貯蓄すること、です。

確実にお金が貯まるたった一つの方法は「先取り貯蓄」です。

「先取り貯蓄」とは、給料の入金があったら即、一定額を先に取って別枠の積み立て方式で貯め、残ったお金で家計をやりくりする方法です。残金の範囲なら物欲を満たすもよし、美味しいものを食べるもよし、自分にご褒美をあげるもよし、全部使ってもよいのです（左ページ参照）。

何があっても先取り分のお金に手を付けなければ、貯蓄は確実に増えていきます。逆に、「余ったら貯める」方法では、一生、お金は貯まりません。

「先取り貯蓄」はすでに実行している人も多いと思いますが、年齢やキャリアを積ん

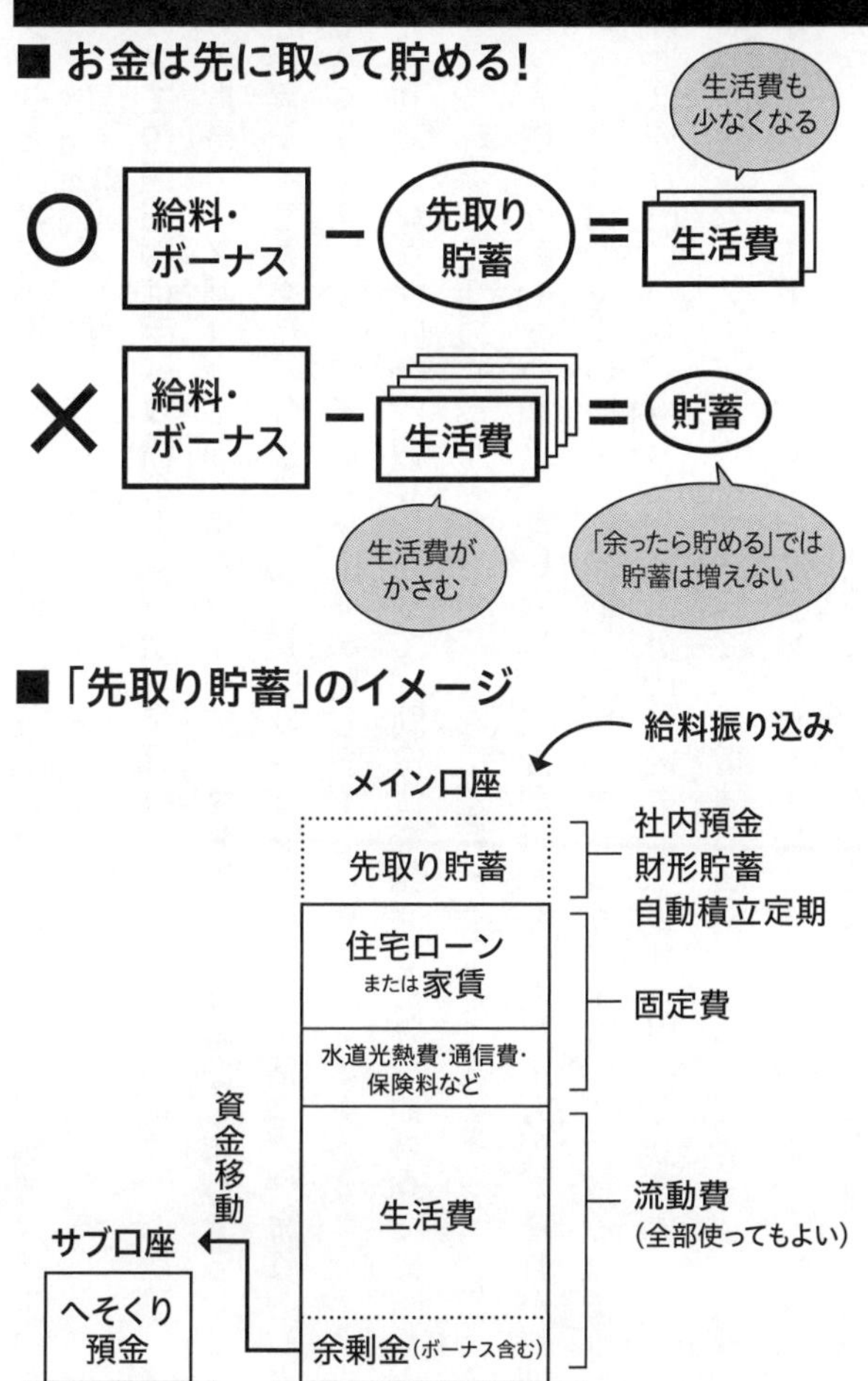
「先取り貯蓄」の基本
■ お金は先に取って貯める!
生活費も
少なくなる
○
給料・
ボーナス
−
先取り
貯蓄
=
生活費
×
給料・
ボーナス
−
生活費
=
貯蓄
生活費が
かさむ
「余ったら貯める」では
貯蓄は増えない
■「先取り貯蓄」のイメージ
給料振り込み
メイン口座
先取り貯蓄
社内預金
財形貯蓄
自動積立定期
住宅ローン
または家賃
水道光熱費・通信費・
保険料など
固定費
資金移動
生活費
流動費
(全部使ってもよい)
サブ口座
へそくり
預金
余剰金(ボーナス含む)

で多少なりとも給料が上がった今も、最初に設定した新人のころと同額では進歩がないので、注意が必要です。

積み立ての理想額は手取り額の2割以上。多ければ多いほどよいです。しかし、ほとんどの世帯では2割は厳しいと思われるので、**せめて1割は確保しましょう。**

給料が昇給するたびに「先取り貯蓄」にプラスオンしつつ、生活はそのままのレベルでやりくりをすると、貯まるスピードが増します。さらにスマホを格安スマホに乗り換えたり、無駄な保険を解約したりして、固定費を見直した分を積み立てに回しましょう。これなら生活のレベルを落とすことなく、無駄をカットできて一石二鳥です。

まだ「先取り貯蓄」をやっていない人は、家計が苦しくても月1万円、それが無理なら月5000円でもよいので、強制的に実行しましょう。1万円ずつ積み立てれば1年後には12万円になり、当たり前ですが10年後には120万円になります。

人とは不思議なもので、貯蓄をするほどに〝貯まる自信〟がついてきます。口座のお金が増えるスピードが増すと、無駄遣いも減っていきます。銀行の低金利は気にすることなく、元本の貯めやすさを優先させ、口座を金庫として使いましょう。自動的に貯まる仕組みを作ること。これが何よりも大事なのです。

先取りした分は「なかったお金」として生活する

「先取り貯蓄」は貯蓄の基本のキで、「なーんだ。もうやっているよ」と拍子抜けした人もいるかもしれません。でも、**実行すると実行しないでは、あなたの将来が大違い。**リスクゼロで確実に貯まる方法としてこれに勝る方法はないのです。

積み立てで貯めたまとまったお金はマイホーム購入時の頭金になったり、子どもの教育費になったり、老後資金になったりしますが、使うときが来るまでは「なかったお金」として残りの範囲で生活することはそんなに苦ではないはずです。

「先取り貯蓄」は目標までパッと見遠回りに見えても、いちばんの近道であることを理解してください。

金利0.002%でもいいじゃない。金庫代わりの「積立定期」

1円たりとも減らない金融商品はコレだ！

次に、前項で説明した「先取り貯蓄」に合う積み立て用の金融商品を紹介します。それは社内預金、財形貯蓄、自動積立定期・定期預金、個人向け国債です。「なーんだ、つまんない」「銀行の定期の金利なんて0.002%しかないのに」という声が聞こえてくるようですが、**どれも手数料なしで、1円たりともお金が減らない**というのがミソです。

ここで勘違いしないで欲しいのですが、「iDeCo」や「NISA」を利用して投資信託を積み立てる投信積立は「先取り貯蓄」ではありません。投資部分は自身の運用次第ですが、確実に毎月、手数料がかかります。

現在、マイナス金利の長期化で、大手銀行は史上最低金利となっています。定期預金は年0・002％、普通預金は年0・001％、確かに限りなくゼロに近い数字です。100万円を1年間預けても受取利息はわずか20円、そこから一律20・315％の税金が引かれます。利息ではジュース1本さえ買えません。しかし、高金利時代を知らないそれが当たり前という世代は、「そういうもの」と受け入れているはずです。

ここは金利に期待するのはきっぱり諦めて、**銀行口座を紛失や盗難のリスクのない無料で使える金庫として利用**しましょう。

「先取り貯蓄」の金融商品ラインナップ

「社内預金」は労働基準法により金利0・5％以上と決まっているため、「先取り貯蓄」の最強金融商品として、給料が銀行口座に入る前に文字通り〝天引き〟で、積み立てができます。導入している会社は年々減少傾向にありますが、主に大企業が優秀な人材確保・定着のために福利厚生の一環として制度を設けており、社内預金のある会社に勤めている人は金利0・5％以上の恩恵を受けましょう。ただし、会社に預金金額を知られたくない、会社にあまり依存したくない、この先転職するかもしれない人は、金額を控えめにするとよいでしょう。

「財形貯蓄」は、従業員の貯蓄を後押しする制度で、国と会社が連携し、提携する金融機関へ給料の一部を積み立てで貯蓄するものです。種類は「一般財形貯蓄」「財形住宅貯蓄」「財形年金貯蓄」の三つがあり、「一般財形貯蓄」は3年以上積み立てればいつでも自由に引き出せ、使い道は自由です。「財形住宅貯蓄」は5年以上の積み立てが必要ですが、住宅購入やリフォームなら5年未満でも引き出せます。「財形年金貯蓄」は5年以上の積み立てで、60歳以降に年金として引き出せます。申し込みは55歳までです。

住宅用と老後用の財形には元利合計550万円までは利息に税金がかかりません。利息といっても微々たるものですが、使う目的がはっきりしているのが財形のよいところで、天引きで確実に貯めることができます。住宅を購入するまでは住宅財形を利用し、住宅取得後に年金財形を始めれば非課税枠をフルに使えます。

一方、銀行の**「自動積立定期」**は、毎月同日、同額を給料振込口座から積立口座へ自動振替することで、手間なく確実に貯蓄ができる商品です。ボーナスに合わせて増額月の指定や、ATMから追加の入金もできます。年に一度の「おまとめ日」に、自動的に1本の「定期預金」を作りながら貯蓄していき、お金が必要になったらその「定期預金」を1本ずつ解約する仕組みです。申し込みはネット取引で簡単に申し込むことができます。ここで自動積立定期を利用し、300万円が確実に貯まる積立金額と期間を計算してみました。

2万5000円ずつ10年間積み立てると、300万円
2万8000円ずつ9年間積み立てると、302万4000円
3万2000円ずつ8年間積み立てると、307万2000円
3万6000円ずつ7年間積み立てると、302万4000円
4万2000円ずつ6年間積み立てると、302万4000円
5万円ずつ5年間積み立てると、300万円
※積立金額に微々たる利息は含まない。

このように毎月2万円、3万円とキリのよい数字にするのではなく、**目標金額から積立金額を割り出すのも、貯まるスピードを速めるワザです。**

変動型の「個人向け国債」という手もある

最後に、**「個人向け国債」**も元本割れをしない金融商品で、銀行、証券会社、郵便局など、近くの金融機関で1万円から購入することができます。手動での買い付けになりますが、毎月発行なのでコツコツと積立感覚で購入しましょう。

個人向け国債というと、赤字国債で膨れ上がっている日本の財政状況を心配する人がいますが、国債が暴落したら、国債の半分を持っている日本銀行が破綻します。そうした状況は、まだ考えられない状況。もしヤバいと感じたら、中途解約することも可能です(1年未満で解約すると元本割れするので要注意)。

個人向け国債には、変動金利型(10年)と固定金利型(5年・3年)があり、金利は3種類とも銀行の定期預金より若干高くなっています。また、経済環境により実際の金利が下落しても、国が0・05%の最低金利を保証し、1年以上持つことで元本保証になります。

金融機関では個人向け国債購入キャンペーンを実施しているところが多数あり、ギフトカードがもらえたり、抽選で美味しいものが当たるなど年がら年中キャンペーンをやっています。ギフトカードを狙ってもよいですが……、他の商品とセット売りしているところがあるので、セットで別の商品を買わないようにしてください。

現状の金利情勢では、**変動金利型（10年）一択**でよいでしょう。この先、金利が上がったとしてもその動きに連動するので、慌てて動く必要はありません。

ただし、個人向け国債は積み立てるという概念がないので、1本にまとめることができません。利息が利息を生む複利で増やす方法もできません。解約時は、満期日ごとに1本ずつ解約していくことになります。

ここで、個人事業主や中小企業の経営者の方なら、「先取り貯蓄」の決定版ともいえる最強商品がありますので、次項で説明をします。

個人事業主の老後資金の決定版！「小規模企業共済」

フリーランスや小さな事業経営者の退職金になる

あなたがフリーランスか小規模事業の経営者で、小規模企業共済に入っていないのなら、加入を検討してみてはいかがでしょうか。この制度は意外と知られておらず、名前だけは知っていても利用していない人が多くいるので、改めて説明をします。

フリーランスや小規模事業の経営者は定年がないので、自分が事業を辞めたあとの生活を想像するのは難しいでしょう。事業には波があり、「老後資金どころではない」と、金額が安定していない収入の中から貯蓄に回すのは至難の業です。

小規模企業共済は国の機関である中小機構が運営しており、後ろ盾のない中小企業を支援してくれる機関です。銀行口座からの自動引き落としで毎月お金を積み立てて、**フリーランスなら事業を廃業、経営者なら引退したときに、退職金代わりとして共済金を下ろせるという仕組み**です。

ここで、小規模事業の経営者とは、製造業その他は常時20人以下、商業サービス業は常時5人以下を雇っている人のことで、もちろん一匹狼の個人事業主でもＯＫ。法人登記をしていても、いなくても、小規模企業共済を利用することができます。

運用面と税金面のトリプルでオトク

小規模企業共済には三つのオトクがあります。

一つめは、積み立てたお金は、小規模企業共済法に基づき満期保有目的の国内債券が8割、民間の運用機関に2割を回しており、基本的に廃業や引退が理由なら元本割れせずに、確実に増えて戻ってきます。

二つめは、積立金は全額が課税対象所得から控除できるため、現役時代の払うべき税金が少なくなります。

三つめは、共済金の受け取りは一括か分割を選択できます。一括の場合は退職所得扱いに、分割の場合は公的年金等の雑所得扱いとなり、どちらもサラリーマンの退職金同様の税制優遇があります。

ここで、具体的に現在の概算値を出してみましょう。

現在、35歳のフリー編集者が、30年後の64歳11カ月で廃業するまで、月3万円ずつ小規模企業共済を積み立てたとしましょう。積み立てた金額1080万円に対し、廃業時に受け取れる額は約1304万円です。積立金は所得控除できるので、この人の課税所得が約250万円だったとすると、加入前と加入後を比べると節税効果は年約7万2800円、30年間で約218万円税金が安くなります。つまり積み立てたお金が1・2に倍なり、さらに税金が約218万円安くなるというわけ。廃業後、増えた分には税金がかかりますが、こちらも退職時税制優遇が利きます。

私の古くからの友人のフリーライターは、頑張って限度額一杯の月7万円を、すでに20年間、小規模企業共済で積み立てています。計算表を見せてもらったら、約1700万円になっていて、今、廃業したら2000万円弱になるとか。節税効果は約3

10万円、両方で約600万円トクしています。一括前納で2年に一度、1万円ほどの前納減額金もあり、定期積立の利息より断然いいと喜んでいました。

小規模企業共済に期間の限度はないので、廃業せずに事業を続ける限り何歳になっても積み立てることができます。資料や提出書類は中小機構のサイトからダウンロードし、提出は銀行の窓口となります。

iDeCoより小規模企業共済を検討する

小規模企業共済の積立金は毎月1000円~7万円のうち500円刻みで設定でき、加入後も増減を月単位で変更できます。事業の波によって金額を変えることができるのは使い勝手がよいでしょう。

そして、何よりも大きなメリットは、**積立金の範囲内で事業資金の融資を受けられること。**低金利で、即日貸付けも可能です。同様の積み立てをするiDeCoを勧められるケースもありますが、iDeCoにはいざというときの融資制度がなく、元本保証もなく、事業に行き詰っても60歳まで自分のお金を使えません。

支出は今までの8割に抑える。荻原流「家計引き締め術」

日本はスタグフレーションに突入か

２０２０年初頭の新型コロナウイルスの感染拡大を発端として、最近の物価高、円安、戦争による食糧難やエネルギー不足など、日本だけではなく世界中が被災地となってしまいました。

今は何とかなっている家計でも、今後、何が起こるかはわかりません。今現在、日本経済はまだデフレーションです。日銀のデフレ脱却宣言があるまでは。

しかし、先を読んで、日本経済は**スタグフレーション**に突入したという経済学者もいます。これは、景気が後退していくなかでインフレーション（物価上昇）が同時進行する現象のことです。通常、景気の停滞は、需要が落ち込むことからデフレ（物価下落）要因となりますが、原油価格の高騰など、原材料や素材関連の価格上昇などによって、デフレで給料が上がらないにもかかわらず、物価が上昇する最悪の事態です。

この先の数年間は**「家計の収入を増やす」ではなく、「いかに支出を減らすか」に注力したほうがよい**でしょう。

「先取り貯蓄」の説明では、先にお金を別枠でとって、残りは自由に使ってよいと書きましたが、残金の部分をやりくりして節約すれば、「へそくり」という名のいざという事態の資金になります。できる限り生活をコンパクトにし、厳しいでしょうが、**生活費を2割減らす努力**をしてください。

支出を減らしてピンチを乗り切る法

【支出の悪習慣を断ち切る】

食費や消耗品費、交際費にしても、何気なく身に付いてしまったクセが、無駄遣いの源泉になっています。

習慣で引き寄せられてしまうコンビニやカフェ、たいして欲しくないのに安いとポチっと押してしてしまうネット通販、まとめ買いをして雑に使ってしまう日用品、ポイント倍増デーに買うお菓子やお酒、豪華ランチや自分へのご褒美なども……。

本当に身に付けなくてはいけないクセは、**手に取ったものが必要かどうか、この交際費は必要かどうか、一呼吸おいて考えるクセ**です。「あってもいい」ものは、実は「なくてもいい」。本当に必要かどうかです。

このたった一つの習慣を身に付けることで、あなたの毎日の生活を変え、ダラダラ支出の悪習慣を断ち切ることができます。

【格安スマホに乗り換える】

総務省の「通信利用動向調査」(2021年)によると、モバイル端末を保有している人で、格安スマホを使っている人は、全体で13・2%。意外に少ないように思いますが、興味があるという人は多いようです。どうりでNTT系の「OCNモバイルONE」、au系の「UQモバイル」、ソフトバンク系の「Y!モバイル」、格安スマホのみの「楽天モバイル」を筆頭に、格安スマホのＣＭが花盛りです。

スマホの乗り換えを検討するとき、**「2年縛り」や「高額な契約解除料」は、これまで多くの家計を苦しめてきました。しかし、2022年春、NTTドコモ・au・ソフトバンクの解約金がついに完全廃止**されました。

これまで格安スマホの通信速度や通信エリアが心配だった人も、ペナルティなしの乗り換えを、一度、試してみてはいかがでしょうか。使い勝手がよければそのまま使い、その安さを実感してみてください。

参考までに、この本の編集者の「ＯＣＮモバイルＯＮＥ」の料金明細を見せてもらいましたが、３ＧＢで９９０円、完全かけ放題１４３０円の合計で月２４２０円です。これまで月８０００円ぐらいかかっていたそうですから、年間６万７０００円は安くなっています。使い勝手は、ＮＴＴドコモ時代と変わらず、同じｉＰｈｏｎｅにＳＩＭを入れ替えただけ、本体は足かけ8年も使っているとか。何より「格安スマホに換えなくては」というプレッシャーから解放されたのがよかったそう。スマホ料金がここまで安くなったのは喜ばしいことです。

【住居費を見直す】

マイホームを購入し、住宅ローンにボーナス払いがある人は、ボーナス分を月々の支払いに振り分けるという方法があります。

例えば月9万円、ボーナス時20万円の支払いだったら、月々の支払いを12万4000円にして、ボーナス払いをゼロにする手続きをします。自動引き落としで今までより3万4000円も多く引かれたら、家計は厳しくなるに決まっていますが、その分、家族が一丸となって節約に励むなど、必然的に生活改善の意識が生まれます。ボーナスから住宅ローンが引かれなくなれば、その分を貯蓄に回せます。

また、公務員以外の、民間企業に勤める人はこの先、永遠にボーナスがあるとは限りません。夫も妻も転職してボーナスが減額、あるいはなしになる可能性もあります。**この先ボーナス返済はアテにしないほうが身のため**です。

一方、現在、賃貸の人は、空き家や空室が増えている時代だからこそ、更新時には家賃引き下げの交渉をしましょう。引き下げが難しいと感じたら、家賃の低い賃貸住宅へ身軽に引っ越せるというのも賃貸派の特権です。ぜひともその特権を活かしてください。

住宅費は下がらないと諦めてはいけません。マイホーム派も、賃貸派も、一つの考えに固執することなく、物事を柔軟に考えて、住宅費を下げる努力をしましょう。

子どもの習い事代や塾費用も聖域ではない

年少からさまざまな習い事や塾に通わせ、中学・高校は私立に行かせたいなどと、子どもにはできるだけの教育をしてあげたいと思っている親がいます。やがて、「ここまで子どもが努力して（親がお金をかけて）きたのだから、有名大学に入ってほしい」と後押しし、ますますお金をかけるようになってしまう……。教育熱心な親が陥りがちなよくあるパターンです。

子ども1人の教育費は1000万円が定説です。子どものときにお金をかけ過ぎると、**大きくなって資金不足になり、大学進学ができなくなったら本末転倒**です。

子どもの教育費とて聖域ではありません。ここでわが子を冷静に見てみてください。抜きん出た天才や秀才ですか？　もし、そうでなければ、子どもとよく話し合い、友達と比べることなく、本当に我が子に合うお金のかけ方をじっくり考えてみましょう。

高齢者のなかには、子ども夫婦から「子どもを私立に行かせたいので学費を援助して欲しい」「子どもの奨学金を返して欲しい」と頼み込まれる人もいるようです。**身の丈以上のことをすることは、孫にとって不幸の始まり**です。余裕のある家庭なら何もいいませんが、孫の出来具合を見て、冷静な判断をしましょう。

「ミニマリスト」に学ぶ豊かな人生

人生のほとんどを不景気で過ごしてきた若い世代には、もったいない精神が身に付いているので、無駄なものは買わない、電気はこまめに消す、手に入れるよりサブスクのほうがいいなど、生活をミニマムにすることはおしゃれで合理的という風潮があり、見習う部分も多々あります。

これからは食べるもの、着るものを厳選し、本当にいいものしか食べない、本当に好きなものしか持たないというふうに**自分の価値感に合ったものだけに絞ると、お金は自然に貯まります。**

私の知人に、離婚を機に持っている物のほとんどを処分し、「ミニマリスト」宣言をした男性がいます。１ＤＫのアパートにテレビなしでパソコンのみ、ベッドはなく布団を上げ下げし、部屋はチリ一つなくスッキリ片付いています。服も10着ぐらいしか持っておらず、洗濯はコインランドリー、食事は野菜中心の質素なもので、新しく見つけた趣味は瞑想だとか。

そんな生活が2年ほど続き、精神的に大丈夫かな……と心配していたら、なんと、再婚が決まりました。どうやらマッチングサイトで知り合った女性だそうです。「物を整理したら頭の中も整理できて、前向きな気持ちになった」そうで、２人でシンプルな生活を楽しんでいる様子です。

片付けは人生を変える……を地でいく人がそばにいました。

公的年金は本当に払った以上もらえるのか

年金制度は破綻することはない

今、私たちが加入している公的年金制度は、加入者に支払うお金が１０００兆円以上あります。しかし、将来のために積み立ててあるお金はわずか２００兆円ほど。これから払う現役世代の年金保険料は少子化で減少し、年金をもらう人は寿命が延びて増えていくのは目に見えています。こうした状況を見ると、**計算上では、日本の年金制度は完全に破綻状態**にあります。

しかし、**公的年金はけっして破綻しない**でしょう。年金が破綻しない三つの理由を説明します。

一つめは、年金は誰しもが65歳以上からしかもらえないということ（繰り上げ受給、遺族年金、障害年金を除く）。つまり年金制度からお金がすぐに全額引き出されるわけではなく徐々に引き出されるので、払うお金が大きくても大丈夫なのです。

二つめは、年金制度が破綻しそうになれば、政府があらゆる手を使って助けます。破綻したら日本中が大混乱に陥ってしまうのは火を見るより明らかです。実際、現在も国民がもらっている老齢基礎年金のおよそ半分は国庫から出ています。以前はこの国庫負担の割合は3分の1でしたが、２００９年から2分の1に増えています。今後も、破綻しそうになったら政府が助け、年金制度を延命していくことでしょう。

三つめは、年金制度を破綻させないために、国がさまざまな手を打てる仕組みになっています。年金の法律により5年に一度の年金改正を実施し、具体的には、①保険料を上げる、②給付額を減らす、③支給開始年齢を上げる、④公的年金の加入者を増やす、を着実に実行していくでしょう。

①は現役世代が痛みを分かち合い、②は年金受給者が痛みを分かち合い、③は誰もが長く働くことで解決させ、④は配偶者の扶養となっているパート受給者も年金制度

に入る、という方法で年金制度を延命させます。

このような三つの方法を使い、国は年金が破綻する事態を起きにくくしています。しかし、破綻はしにくいけれど、国民は①②③④の負担を強いられることは覚悟しておいたほうがよいです。

公的年金は本当に払った以上にもらえるのか

年金制度が破綻することがない理由を書きましたが、次は、皆さんがいちばん気になる「公的年金は、本当に払った以上にもらえるのか」を、現在の制度で、シンプルに2022年度の国民年金の数字で試算してみました。

現在の国民年金保険料は月1万6590円（2022年度）です。これを20〜60歳までの40年間払うと、1万6590円×12カ月×40年間＝約796万円。

日本人の平均寿命（2020年）は、男性が81・64歳、女性が87・74歳なので、65歳から年金をもらい平均寿命まで生きたとすると、男性16年、女性22年です。現在の国民年金の支給が、年77万7792円なので、

男性は、77万7792円×16年＝約1244万円
女性は、77万7792円×22年＝約1711万円
つまり、年金は、平均寿命まで生きると、払った金額の、男性は1・56倍、女性は2・15倍もらえることになり、かなりオトクな制度ということになります。国民年金はおおよそ75歳ぐらいまで生きれば、元が取れる計算です。
一方、厚生年金の人は現役時代の給料によって年金保険料が決まり、半分は会社が負担しているので、それぞれの支給額は違いますが、おおよそ払った分の2〜3倍もらえるというイメージです。50代まではぎりぎり〝逃げ切れる〟かもしれません。
しかし、試算はあくまでも現在値のもので、今後、**年金を払うほうは保険料が上がり、もらうほうは支給年齢が上がり、マクロ経済スライドで支給額はカットされ、現役世代の給料が下がれば年金支給額もカットされる。**残念ながら、こうした状況は、避けられないでしょうから、あくまで現時点の計算でしかありません。
払った分よりもらえない事態となったとしても、日本では給料から天引きされる人が多いので、保険料を払わないという選択ができません。ただ、自分で支払う自営業

者の約4割は、払わないという選択をしているようですが……。

自分の年金状況がわかる「ねんきんネット」

自分たちが高齢者になる頃に年金はもらえないかもしれないし、老後が不安……、という人に限って、「ねんきん定期便」あるいは「ねんきんネット」を知らない人がいます。不安がる前に、まずは、将来、自分がいくら年金をもらえるのかを確認してみましょう。**老後の生活費のうちどれくらいを年金でまかなえるかを知ることは、これから貯めるべき老後資金にも関わってきます。**

年に一度、誕生月にはがきで、35歳、45歳、59歳の年には封書で、日本年金機構から郵送されてくる「ねんきん定期便」には、あなたが長年納めてきた年金の情報が記載されています。

50歳以上の「ねんきん定期便」には、現在の加入条件が続くと仮定した年金の見込み額が記載されています。50歳未満の人のはがきには、これまでの加入履歴に応じた見込み額が記載されており、こちらは今後支払う年金保険料を考慮せず、これまでに支払った分だけで計算されています。

「ねんきんネット」のＷＥＢサイトなら、より詳しい自分の年金状態がいつでもわかります。年金の加入記録、もらえる見込み額はもちろんのこと、「電子版・ねんきん定期便」も閲覧できます。ついでに**どの会社に何年いたかなどの転職した年月日などもわかり、自分のビジネス履歴もわかって面白い**です。

「ねんきんネット」を利用するには登録が必要です。年金手帳に記載されている「基礎年金番号」と、「ねんきん定期便」に記載されているアクセスキー（有効期間が切れている場合は、ねんきんネットに接続して取り直しも可能）で、利用申し込みを行いましょう。

もちろん、これは予測ですから、状況次第でもらえる額は変わります。ただ、一応の目安にはなるので、試算された年金額を見ながら、「そう多くはないから、もっとしっかり貯金しなくちゃ」などと考えるきっかけにするといいでしょう。

年金は老後の収入の柱。1円でも多く増やす方法

現役時代に行動する年金を増やすテク

将来、もらえる年金を少しでも増やしたい人は、現役時代に行動する次のようなテクニックがあります。

会社員の人は**働き続ける期間を長くすると、年金を払う期間も長くなるので、もらえる年金が増えます。**60歳以降も会社の継続雇用（再雇用）なら厚生年金に加入して保険料を払うことになりますが、その分、年金をもらうときには金額が増えます。

理想は65歳以降に年金をもらいながら働くことなので、「在職老齢年金制度」を知っておきましょう。この制度は、一定以上稼いでいる人は年金をカットするという制度

です。具体的に現行の賃金と年金月額の合計が47万円以上になると年金がカットされるので、それ以上働かないようにすることがトクです。

一方、国民年金の人は**付加年金に加入すると年金が増えます。**これは年金保険料に月400円を上乗せすると、将来もらう老齢基礎年金に200円×納付月数の付加年金がプラスされます。例えば10年間、付加年金を払うと4万8000円になりますが、年金支給額は2万4000円増えるので、2年で元がとれ、その後は長生きするほどトクになります。たったこれだけと思うなかれ。老後になってもらうときにちょっとした小遣いはありがたいものです。

公的年金は亡くなるまで受け取ることができるので、何だかんだいっても老後の収入の柱として頼れる存在です。**一日でも長く生きて、1円でも多く年金をもらいましょう。**

年金を受け取るために必要な資格期間は25年と思っている人がいまだにいますが、**10年に短縮**されました。国民年金の未納期間がある人は埋める、パートの人は社会保険の壁（176ページ参照）を乗り越えて働くなど、少し頑張って、将来、年金をもらえるようにしておきましょう。

年金をもらうときに金額を増やすテク

現在の年金の支給開始年齢は65歳ですが、65歳前にもらい始める「繰り上げ受給」も、65歳後にもらい始める「繰り下げ受給」もできます。「繰り上げ受給」をした場合は早くもらえる代わりに、65歳から受給する場合の年金額より減額（1カ月繰り上げるごとに0・4％減額）されます。一度、請求すると減額率は一生変わらないので、繰り上げたい場合はよく検討してください。

逆に、「繰り下げ受給」をすれば、年金を遅く受け取る分、金額が増えます。こちらは1カ月繰り下げるごとに年金額が0・7％増額されます。**1年繰り下げて66歳からもらうと本来もらえる額の8・4％増額、これは金利よりだんぜんよいです。5年繰り下げて70歳からもらえるようにすると、本来もらえる金額の142％になります。**5年でこれほど増える運用商品は他に見当たらないので、投資なんかせずにお金を増やすことができます。元気で長生きすることを前提に、それまでは貯蓄で何とかなれば、検討する価値ありです。

さらに75歳まで支給を繰り下げると184％になります。ただし、75歳まで延ばすと損益分岐点が90歳を超えてしまうので、100歳まで元気に生きる自信がある人は繰り下げるのもよいですが、現実的にはやめたほうがよいでしょう。

会社員の人は国民年金と厚生年金を分けて、受け取り時期をずらすことも可能。家計環境によって、夫と妻の年金時期をずらすこともよい方法です。

年金は65歳からもらうことにこだわらず、働き方や家計の状況に合わせ、受け取り方の工夫をして金額を増やしていきましょう。

⦿おわりに

改めて、「投資なんか、おやめなさい」そして、「個人で戦う武器を身に付けましょう」

本書では、第一部は「買うと一生バカを見る投資信託」と題し、iDeCo・NISA・投信積立・買ってはいけない投資信託などについて、第二部は「家計を制する者は人生を制す」と題し、マイホーム・保険・収入アップ・現金などについて書きました。

投資信託は「×」ですが、マイホームも「×」、保険は「△」です。そればかりでは救いがないので、収入アップは「○」、そして誰しもが「◎」の現金についても紹介しました。

本書は、投資でお金を増やすことは簡単ではなく、投資を始めた途端にリスクを抱えなければならないのに、「金融業界にはいとも簡単に儲かるように勘違いさせる、耳当たりのよいワードがたくさんあるよね」「投資信託が初心者向けと持てはやされているけれど、中身はけっこうリスクあるよね」という話から始まりました。

例えば、「人生100年時代」「長期間運用がよい」「資産を分散させればよい」「運用はプロに任せるから安心」「軍資金がない人も100万円から投資できる」「リスクは管理できる」「税金がかからない」「ほったらかし投資」「コツコツ投資」「バランスよく投資」「初心者向けの投資信託」「投資信託で不動産オーナー気分」「お小遣いのような分配金」「ドル・コスト平均法で平均点がとれる」「不労所得」「投資でFIRE（早期リタイア）」など……、挙げると本当に切りがありません。

政府までもが、「新しい資本主義」「資産所得倍増計画」「貯蓄から投資へ」などとスローガンを掲げ、iDeCoやNISAで国民全員「一億総株主」にするべく、貯蓄を崩して投資をやらせようとしています。

本書を書いている途中にも、金融庁は政府に「NISA制度の恒久化や年間投資枠の拡大、非課税限度額の拡大を求めた」とのニュースがありました。

投資はギャンブルなので、これは国が一か八かの勝負を推奨し、資産を2倍以上にしましょうといっているのと同じ。本当に、「人の財布に手を突っ込むような行為はやめていただきたい」ものです。

では、私たちはこれからどうしたらよいのか。

2020年初頭の新型コロナウイルスの感染拡大を発端として、最近の物価高、円安、戦争による食糧難やエネルギー不足など、日本だけではなく世界中が被災地となってしまいました。今は何とかなっている家計でも、今後、何が起こるかはわかりません。

今日から、生活をコンパクトにして支出を減らし、住宅ローンや奨学金の返済があるなら一刻も早く完済し、できるだけ長く働けるようなスキルを身に付け、友人をたくさんつくり、年金をもらうのを遅らせ、現金を貯めること。

これらの行動が、やがて私たちの武器となります。儲けるのが難しい投資に比べたら、自分次第でできるので、将来、ハイリターンも望めるでしょう。

もし、自分の一つの武器として投資スキルを身に付けたいのなら、投資の勉強は独学で行いましょう。ネットの口コミ情報やランキングを鵜呑みにしたり、金融機関の息のかかった専門家の本や雑誌、ネットの記事を読んだり、投資セミナーで学んでも、それはあなたの判断ではないので、投資とはいえません。

投資をするなら新聞や株価四季報などから一次情報を集め、経済の動きをキャッチし、自分で投資の判断をすることで、真の投資スキルが身に付きます。

くれぐれも、自分のお金を他人に任せたり、ほったらかしたりしませんように……。本書が皆さんの資産を守ることにつながれば幸いです。

本文DTP／G-clef
カバー・帯デザイン／bookwall
編集／坂本君子、生島典子
写真／伊藤 幹

荻原博子（おぎわら・ひろこ）
1954年、長野県生まれ。経済ジャーナリスト。大学卒業後、経済事務所勤務を経てフリーの経済ジャーナリストとして独立。テレビ、新聞、雑誌でレギュラーや連載を多数持ち、生活者の視点から、難しい経済と複雑なお金の仕組みをわかりやすく解説。デフレ経済の長期化を予測し、住宅ローン返済の必要性を説き続ける。著書多数。近著に『私たちはなぜこんなに貧しくなったのか』（文藝春秋）、『50代で決める！　最強の「お金」戦略』（NHK出版新書）、『コロナに負けない！　荻原博子の家計引きしめ術』（毎日新聞出版）、『投資なんか、おやめなさい』（新潮新書）など。

宝島社新書

買うと一生バカを見る投資信託
（かうといっしょうばかをみるとうししんたく）

2022年10月21日　第1刷発行

著　者　荻原博子
発行人　蓮見清一
発行所　株式会社宝島社
〒102-8388 東京都千代田区一番町25番地
電話：営業　03(3234)4621
編集　03(3239)0646
https://tkj.jp
印刷・製本　中央精版印刷株式会社

ISBN 978-4-299-03376-5